AF155509

Paul Heidrich

Der geldrische Erbfolgestreit 1537-1543

Paul Heidrich

Der geldrische Erbfolgestreit 1537-1543

ISBN/EAN: 9783742899040

Hergestellt in Europa, USA, Kanada, Australien, Japan

Cover: Foto ©ninafisch / pixelio.de

Manufactured and distributed by brebook publishing software
(www.brebook.com)

Paul Heidrich

Der geldrische Erbfolgestreit 1537-1543

Der

geldrische Erbfolgestreit

1537—1543.

Von

Dr. Paul Heidrich.

Kassel.

Verlag von Max Brunnemann.

1896.

Meinen Eltern.

Die vorliegende Abhandlung beruht wesentlich auf ungedrucktem Material. Für die clevische Politik besitzt das Kgl. Staatsarchiv zu Düsseldorf eine reiche Fülle von Akten, von denen jetzt v. Below einen grösseren Teil in seinen „Landtagsakten von Jülich, Berg. 1400—1610. Bd. I" veröffentlicht hat. Das Archiv in Arnheim bot nur wenige neue Einzelheiten, die schon meistens Nyhoff in seinem „Inventaris van het oud archief der gemeente Arnheim" bekannt gemacht hatte. Eine Durchsicht des im Kölner Stadtarchiv vorhandenen Materials ergab nichts Wesentliches. Dagegen lieferte das Staatsarchiv in Brüssel eine Menge neuen Stoffes, durch den es ermöglicht wird, die kaiserliche Politik im einzelnen zu verfolgen. Für die Stellung Herzog Wilhelms zu dem Kurfürsten von Sachsen und den übrigen protestantischen Ständen kam vor allem die im Sachsen - Ernestinischen Gesamtarchiv zu Weimar erhaltene Korrespondenz der beiden Fürsten sowie die Berichte der sächsischen Gesandten vom clevischen Hofe in Betracht. Wertvolle, nach jeder Richtung hin ergänzende Nachrichten steuerte das Kgl. Staatsarchiv in Marburg bei.

Für die liebenswürdige Bereitwilligkeit, mit welcher mir von allen Seiten der Zutritt zu den Archiven gestattet und die Benutzung in jeder Weise erleichtert worden ist, und für die sonstige mannigfache Förderung bei meiner Arbeit fühle ich mich den Vorständen und Beamten zu tiefem Dank verpflichtet. Insbesondere aber spreche ich meinem hochverehrten Lehrer, Herrn Professor Dr. Lenz in Berlin, der mich zu dieser Arbeit angeregt und in meinen Studien mit Rat und That unterstützt, Herrn Professor Dr. v. Below in Münster, der mir in liebenswürdigster Weise vor dem Erscheinen seiner Landtagsakten die Druckbogen zur Verfügung gestellt, und Herrn de Raadt in Brüssel, der mir bei meinem dortigen Aufenthalt fördernd zur Seite gestanden hat, auch an dieser Stelle meinen aufrichtigsten Dank aus.

Erstes Kapitel.

Die Entstehung des geldrischen Erbfolgestreites.

In demselben Jahre, in welchem zu Worms die Entscheidung in der religiösen Frage fiel, vollzog sich eine für den Westen Deutschlands bedeutsame territoriale Veränderung. Auf Johann II., Herzog von Cleve und Grafen von der Mark, folgte sein Sohn Johann III., der als Schwiegersohn und Erbe Wilhelms, des letzten, bereits im Jahre 1511 verstorbenen Herzogs von Jülich-Berg und Grafen von Ravensberg, die bisher getrennten Gebiete nunmehr in seiner Hand vereinigte.[1] Von Emmerich bis über Sinzig hinaus erstreckte sich diese auf beide Seiten des Rheins fast gleichmässig verteilte Ländermasse, in ihrem einheitlichen Zusammenhange[2] zwar durch das wie ein Keil sich hineinschiebende Kölner Erzbistum getrennt, aber von einer Ausdehnung und Grösse, dass sie ein Zeitgenosse mit einem Königreiche, dem nur noch der Name fehle, vergleichen konnte.[3] Und in der That, Johann nahm im nordwestlichen Deutschland eine Stellung ein, die ihn als einen der mächtigsten Fürsten erscheinen liess;[4] als ausschreibender Stand des niederrheinisch-westfälischen Kreistages besass er auch auf die angrenzenden Territorien Einfluss.[5]

Gegen Ende des Jahres 1537 eröffnete sich ihm nun die Aussicht, seinen bisherigen Besitz durch eine neue Erwerbung zu vergrössern, seine Macht noch bedeutend zu verstärken. Die Stände des Herzogtums Geldern und der Grafschaft Zütphen[6] waren mit

---

[1] Das Genauere siehe bei Lacomblet. Archiv für die Geschichte des Niederrheins IV, 306 ff.

[2] Von der kleinen Grafschaft Ravensberg dürfen wir hierbei wohl absehen.

[3] Varrentrapp, Hermann von Wied und sein Reformationsversuch in Köln S. 17, A. 1.

[4] Friedensburg, Nuntiaturberichte aus Deutschland nebst ergänzenden Aktenstücken I, 522; II, 67.

[5] Keller, Die Gegenreformation in Westfalen und am Niederrhein I, 3.

[6] Vgl. hierüber Ranke, Deutsche Geschichte im Zeitalter der Reformation.

1

ihrem Herzog Karl in Streit geraten, da dieser, dem erbberechtigte
Nachkommen fehlten, sein Land dem König von Frankreich zugedacht und ihnen im Oktober den mit Franz 1. bereits abgeschlosse-
nen Vertrag zur Genehmigung vorgelegt hatte. Kamen sie seinem
Wunsche nach, so war es mit ihrer Selbständigkeit, für die sie beharrlich gestritten hatten, für immer vorbei; in dem grossen französischen Reiche hätten sie nur eine untergeordnete Rolle spielen
können. So griffen sie aufs neue zu den Waffen; Karl musste
seinen Plan aufgeben. Anfang Dezember traten die Stände in
Nimwegen zusammen, um die Erbfolgefrage in ihrem Sinne zu
regeln.

In Betracht kamen für sie Wilhelm, der Sohn Herzog Johann's,
und Herzog Anton von Lothringen, der letztere als Neffe Karl's
von Geldern, der erstere auf Grund alter Erbansprüche. Wenn
bei den Ständen überhaupt die ernsthafte Absicht bestanden hatte,
Herzog Anton die Herrschaft zu übertragen, so musste sie vor der
Erwägung fallen, dass Wilhelm als unmittelbarer Nachbar allein
im stande sei, sie thatkräftig gegen fremde Übergriffe zu schützen.
Die Herrschaft seines Vaters, unter welcher den einzelnen Landes-
teilen trotz ihrer Vereinigung ein grosses Mass von Freiheit geblieben war, schien ihnen ausserdem genügende Sicherheit für die
Erhaltung ihrer Privilegien zu bieten. Nachdem sie sich mit diesem
in Verbindung gesetzt und seine Zustimmung erlangt hatten, stand
der Ausführung ihrer Absicht nichts mehr im Wege; Herzog Karl
musste sich fügen. Als Abschluss der Verhandlungen kam am 27.
Januar 1538 ein Vertrag [1] zu stande, durch welchen nach dem
Tode Karls Geldern und Zütphen an Wilhelm fallen und mit dessen
übrigen Ländern vereinigt werden sollten. Um aber etwaigen
neuen Versuchen Karls, sein Herzogtum doch noch an Frankreich
zu bringen, für immer vorzubeugen, wurde bestimmt, dass Wilhelm
gemeinsam mit seinem Vater schon jetzt die Schirmherrschaft über
Geldern und Zütphen erhalten und sogleich die Huldigung empfangen
sollte. Hiermit hatte die Regierung Karls thatsächlich ein Ende,
wenn ihm auch der Titel des regierenden Fürsten gelassen wurde;
die wahren Herren des Landes waren fortan Johann und Wilhelm.

---

4. Aufl. IV, 127 ff; Lacomblet, Archiv V, 26 ff; v. Below, Landtagsakten von
Jülich-Berg 1400—1610, Bd. I, 239 f.

[1] Lacomblet, Urkundenbuch für die Geschichte des Niederrheins IV,
658 ff.

Durch diesen Vertrag erlangte das jülich-clevische Haus ein Gebiet, das, in direktem Anschluss an das Herzogtum Cleve, durch seine Erstreckung nach Norden ihm die Herrschaft über die Rheinarme sicherte und durch seinen südlichen Teil die Verbindung mit dem Herzogtum Jülich herstellte. Aus einem der mächtigsten Fürsten in Niederdeutschland war Johann nunmehr der mächtigste geworden, in den politischen und religiösen Fragen der Zeit fiel sein Wort fortan schwer in die Wagschale.[1]

Ungleich wichtiger aber war die Thatsache, dass diese neue Erwerbung im Gegensatze zu den Ansprüchen Kaiser Karls V. sich vollzog und der Ausgangspunkt eines weitgehenden Konfliktes mit dem Hause Burgund wurde. Hierdurch erlangte dieser Vertrag eine entscheidende Bedeutung für die ganze Weiterentwicklung der jülich-clevischen Landesgeschichte.[2] Es fragte sich, ob Johann im stande sein würde, gegen den kaiserlichen Willen die beiden Landschaften zu behaupten; gelang es ihm, dann musste seine Macht für immer als befestigt erscheinen; im anderen Falle waren die Folgen für ihn gar nicht abzusehen.

Worauf gründeten sich nun die Ansprüche Karls V., hatte er überhaupt ein Recht auf Geldern und Zütphen? Ein natürliches Streben der kaiserlichen Politik musste es sein, an der Grenze ihrer niederländischen Besitzungen keine starke Macht aufkommen zu lassen. Von diesem Gesichtspunkte aus hatte Maximilian I., als Kurfürst Friedrich der Weise auf Grund früherer Versprechungen nach dem Tode Herzog Wilhelms den Anfall der jülichschen Erbschaft beansprucht hatte, die Verbindung von Cleve und Jülich zugelassen, um nicht das mächtige sächsische Haus zum Nachbarn zu erhalten. Infolge der Erwerbung Gelderns durch Johann III. trat die Gefahr, welche die weise Politik Maximilians glücklich vermieden zu haben schien, von neuem und in weit grösserem Umfange hervor. Es war jetzt nicht allein eingetreten, womit Johann II. schon gedroht hatte, als der Kaiser seiner Nachfolge in Jülich Schwierigkeiten entgegengesetzt hatte,[3] die Verbindung von Cleve mit Geldern, sondern dazu war auch noch mit

---

[1] Calvini Opera X, 2. Abt. S. 330. citiert von Wolters, Konrad von Heresbach und der Clevische Hof zu seiner Zeit S. 97. Vgl. auch Albéri, Le Relazioni degli ambasciatori Veneti al senato, Serie I, Vol. IV, 54.

[2] Koller, Gegenreformation I, 3.

[3] v. Bezold, Geschichte der deutschen Reformation S. 190

1*

kaiserlicher Genehmigung Jülich gekommen, und, was das Schlimmste
war, durch die Heirat Sibylles, der Tochter Johanns III., mit
Johann Friedrich von Sachsen schien auch die einstige Vereinigung
dieser Länder mit den sächsischen gesichert zu sein. Und was
das für Karl V. bedeutete, wenn der Kurfürst von Sachsen, der
mächtigste Fürst in Mittel-Deutschland, als Haupt des schmalkaldischen Bundes sein unversöhnlicher Gegner, den entscheidenden
Einfluss auch am Niederrhein gewann, lag auf der Hand.

Dazu kam, dass der Kaiser als Urenkel Karl's des Kühnen[1]),
welchem Gerhard von Jülich im Jahre 1473 sein Recht auf Geldern
und Zütphen übertragen hatte, begründete Ansprüche auf diese
beiden Länder zu haben glaubte, und wenn er auch den bisherigen Herzog in seinem Besitze hatte dulden müssen, so meinte
er durch die Verträge von Gorkum und Grave, durch welche ihm
dieser die Nachfolge bestätigte, sich Geldern und Zütphen vollkommen gesichert zu haben.

Da hiergegen von Johanns Seite die Ungültigkeit der Cession
vom Jahre 1473, wie die der beiden letzten Verträge behauptet
und das unzweifelhafte Recht, das Wilhelm als Sohn Maria's, der
Erbtochter von Geldern, habe, zusammen mit der freiwilligen Ueber-
tragung der Herrschaft durch die Stände mit Einwilligung Herzog
Karls geltend gemacht wurde, so stand Anspruch gegen Anspruch;
kein Teil war in diesem Punkte zur Nachgiebigkeit, geschweige
denn zum Verzicht geneigt.

Unmittelbar bedroht durch die neue Erwerbung Johanns war
Maria, die Schwester Karls V. und Statthalterin der Niederlande.
Nicht allein wurden ihre nördlichen Provinzen von den südlichen
getrennt, der friedliche Verkehr ihrer Länder unter einander und
mit Deutschland erschwert; noch viel schlimmer musste es im Falle
eines Krieges für sie werden, wenn sich Johann, wie zu befürchten
war, mit ihren alten Gegnern verband. Von allen Seiten war sie
dann von Feinden umgeben; Artois, Hennegau und Luxemburg
waren durch König Franz von Frankreich gefährdet, die Küsten
ihres Landes der Plünderung durch dänische Schiffe ausgesetzt,

---

[1]) Ueber die Rechtsfrage vgl. Below, S. 236 ff. Der Kaiser gab dem
venetianischen Gesandten selber eine kurze Erklärung seiner Ansprüche (vgl.
Venetianische Depeschen vom Kaiserhofe, herausg. von der hist. Commission der
k. Akad. d. Wiss. Wien 1889, 92. Bd. I, 206 f.). Vgl. auch Albèri, Relazioni,
Serie I, Vol. II, 131 f.

und jetzt hatte sie von clevischer Seite aus einen Einfall auf Brabant und Holland zu erwarten.

Von Anfang an hielt die Königin den Versuch einer friedlichen Beilegung der Streitfrage für wenig aussichtsvoll. An einen freiwilligen Verzicht ihres Gegners war nicht zu denken, wie sie aus der abweisenden Antwort, die er ihr im Dezember 1537 auf ihre Anfrage wegen der geldrischen Verhandlungen hatte geben lassen, ersehen hatte[1]); zu einer rechtlichen Entscheidung war sie wiederum nicht geneigt[2]). Demnach blieb nur das bewaffnete Vorgehen übrig, und von ihm allein versprach sie sich auch schnellen und dauernden Erfolg.

Durch den Herzog von Aerschot liess sie in diesem Sinne auf ihren kaiserlichen Bruder einwirken und ihn bitten, sie in dieser Not nicht zu verlassen, sondern mit Geld und Truppen zu unterstützen[3]). Jedoch so sehr Karl auch von der Rechtmässigkeit seiner Ansprüche durchdrungen war, so war er doch nicht gesonnen, ihrem Wunsche auf sofortige kriegerische Entscheidung zu entsprechen. Liessen schon die auswärtigen Verhältnisse den Beginn eines neuen Kampfes für ihn als wenig rätlich erscheinen zu einer Zeit, wo der Krieg mit Franz I. noch fortdauerte und die Türken grosse neue Erfolge errungen hatten, so musste ihn die politische Lage in Deutschland in dieser Ansicht nur bestärken. Hatte er nicht allen Grund zur Furcht, dass, wenn er jetzt gegen Wilhelm zu Felde ziehe, die Protestanten, erbittert durch das schroffe Auftreten Helds, unter der Führung des Kurfürsten von Sachsen für den Herzog eintreten würden? Er folgte daher nur dem Gebote der Klugheit, wenn er die Ausführung seiner Absicht bis auf eine günstigere Gelegenheit hinausschob. Auf die Vorstellungen Aerschots empfahl er seiner Schwester, die Angelegenheit vorläufig dilatorisch zu behandeln, einen Bruch mit ihrem Gegner zu vermeiden und womöglich eine Verständigung herbeizuführen[4]).

Maria hatte sich indessen, obwohl sie sich von einer Verhandlung mit Johann geringen Erfolg versprach, schon selber zu

[1]) Lanz, Staatspapiere zur Geschichte des Kaisers Karl V. S. 253; Below, S. 245.
[2]) Maria an Aerschot, 23. Januar 1538. Brüsseler Archiv, Papiers d' État et de l'Audience Nr. 69.
[3]) Vgl. ihr obiges Schreiben an Aerschot.
[4]) Aerschot an Maria, 26. Januar 1538; Karl an Maria, 7. Februar 1538. Br. A. Papiers Nr. 69. Vgl. auch Venetianische Depeschen I, 204 u. 207.

einem derartigen Versuch entschlossen. Jedoch die Bemühungen
des Grafen von Nassau[1]), welcher auf die clevischen Räte
durch den Hinweis auf die Macht des Kaisers einzuwirken suchte,
hatten nicht den gewünschten Erfolg; vielmehr konnte Maria aus
der Sendung von Johanns Gesandten, durch welche er ihr offiziell
die Besitzergreifung von Geldern mitteilen liess[2]), ersehen, dass
dieser fest entschlossen sei, seine Erwerbung zu behaupten. So
blieb ihr nichts weiter übrig, als weitere Weisungen ihres Bruders
abzuwarten und inzwischen aufmerksam alle Schritte ihres Gegners
zu beobachten.

Dieser hatte nun keineswegs die kostbare Zeit unbenützt
vorübergehen lassen. Sofort nach Abschluss des Vertrages nahm
Wilhelm die Huldigung[3]) in Geldern und Zütphen entgegen. War
hiermit die clevische Herrschaft in beiden Ländern auch formell
anerkannt, so begnügte sich Johann hiermit noch nicht. Es kam
ihm darauf an, die Zustimmung der ihm näher stehenden deutschen
Fürsten zu der neuen Erwerbung zu erlangen, durch sie sich dieselbe
mit sichern zu lassen. In erster Linie kam für ihn sein Schwiegersohn, Kurfürst Johann Friedrich von Sachsen, in Betracht. Für
diesen hatte die geldrische Frage ein ganz persönliches Interesse;
denn wenn auch in dem Nimweger Vertrage vom Januar 1538
nur von Wilhelm und seinen Erben als Nachfolgern in Geldern und
Zütphen die Rede war, so schien doch unter diese Johann Friedrich
infolge des Ehevertrages vom Jahre 1527, welche ihm auf die jülich-
clevischen Länder ein Anrecht gab, mit begriffen zu sein. Eine glänzen-
de Aussicht eröffnete sich hiermit für sein Haus; verwirklichte sich
dieselbe, dann war das Uebergewicht Sachsens im nördlichen
Deutschland, und was damit eng zusammenhing, der Sieg der
Reformation am Niederrhein, entschieden. Vom territorialen wie
vom protestantischen Standpunkte aus konnte ihm daher diese Besitznahme nur willkommen sein[4]).

[1]) Lacomblet, Archiv V, 126; Maria an Karl, 4. März 1538. Br. A. Papiers
Nr. 50; Below, S. 245. Die von Maria ursprünglich beabsichtigte Sendung von
Nassau und Praet an Johann gab sie auf (vgl. Lanz, Staatspapiere S. 254; Maria
an Aerschot, März 1538, erwähnt von Gachard, Relation des troubles de Gand,
S. 207, und Lanz, Correspondenz des Kaisers Karl V. Bd. II, 682).
[2]) Ein Bericht hierüber vom 1. Mai 1538 im Br. A. Papiers Nr. 64.
[3]) Below, S. 243.
[4]) Lenz, Briefwechsel Landgraf Philipps des Grossmütigen von Hessen mit
Bucer I, 408.

Mit einer Lebhaftigkeit, die man sonst gar nicht an ihm wahrzunehmen pflegt, nahm er Johanns Bitte um Hülfe im Falle eines Krieges wegen Geldern auf, welche dieser durch seinen Rat Karl Harst an ihn hatte gelangen lassen.[1]) Bereitwillig ging er nicht nur auf Johanns Wunsch ein und versprach, ihn im Notfalle unterstützen zu wollen; sein Plan ging noch weiter. Wenn Johann hoffen wollte, Geldern gegen einen Angriff des Kaisers behaupten zu können, so musste er sich nach Bundesgenossen umsehen, und was lag da, wie Johann Friedrich meinte, für ihn näher als ein Bund mit den protestantischen Fürsten? Beide Teile hatten ihren gemeinsamen Gegner in Karl V., für beide schien ein enger Zusammenschluss gleich vorteilhaft zu sein. Infolge dessen liess er durch Harst Johann oder Wilhelm zu einer Zusammenkunft nach Paderborn für Anfang März einladen, wo sie persönlich oder ihre Räte das Nähere besprechen wollten. Zwar lehnte Johann aus Mangel an Zeit und geeigneten Räten diesen Vorschlag ab; aber dadurch, dass er seine Gesandten nach Braunschweig schickte, um den dort versammelten protestantischen Fürsten die Rechtmässigkeit seiner Ansprüche auseinanderzusetzen und sie für den Fall eines feindlichen Ueberzugs um Beistand zu ersuchen, schien er auf die Absicht des Kurfürsten eingehen zu wollen [2]) Die Frage war nun, wie sich die andern protestantischen Fürsten zu dem Bunde mit Johann stellen würden. Vor allem kam es auf den Landgrafen Philipp von Hessen und den König Christian III. von Dänemark an. Ersterer war kein grosser Freund des clevischen Herzogs;[3]) trotzdem war er zu einer Verbindung mit ihm bereit. Vom ersten Augenblicke an hatte er die Vorteile erkannt, welche dem Protestantismus aus dem geldrischen Handel entspringen konnten; er glaubte begründete Hoffnung zu haben, dass jetzt Johann unter dem Druck der Verhältnisse das Evangelium annehmen und zu ihnen übertreten werde.[4]) Bewog so den Landgrafen hauptsächlich das religiöse Moment

---

[1]) Instruktion Johanns, 12. Januar 1538; Antwort Johann Friedrichs, 28. Januar 1538. Weimarer Archiv, Reg. C. pag. 465 Nr. 1a.

[2]) Johann an Johann Friedrich, 24. Februar 1538; Instruktion Johanns für Thissen von Altenbochum und Dr. Born an die Fürsten zu Braunschweig, 21. März 1538. W. A. a. a. O.

[3]) Lenz, Bucer I, 410.

[4]) Philipp an Johann Friedrich, 24. Januar 1538. Marburger Archiv, Sachsen, Ernestinische Linie, Briefwechsel mit Kurfürst Johann Friedrich I. No. I, 10.

zum Eintreten für Johann, so wirkte bei Christian in dem gleichen
Sinne das gemeinsame Interesse mit diesem, denn bei seinem
Streite mit dem Kaiser konnte es ihm nur erwünscht sein, an dem
clevischen Herzog eine Stütze zu finden. Unter diesen Umständen
lautete der Bescheid, den Johanns Gesandte in Braunschweig em-
pfingen, sehr günstig. Die persönlich erschienenen Fürsten, der
König von Dänemark, der Kurfürst von Sachsen, der Landgraf
von Hessen, die Herzöge Ernst und Franz von Lüneburg[1]) und
die Räte der Herzöge von Würtemberg und Pommern, letztere
allerdings mit Vorbehalt der Genehmigung ihrer Herren, sprachen
nicht allein ihre Zufriedenheit mit der Erwerbung Gelderns aus,
da es dadurch bei dem deutschen Reiche bliebe, sondern erklärten
auch ihre Geneigtheit, mit Johann ein Bündnis abzuschliessen; er
solle nur genau angeben, auf welche Weise er die Unterstützung
wünsche und zu welcher Gegenleistung er bereit sei. Um ihn
ganz auf ihre Seite zu ziehen, fassten die Fürsten noch eine
Heirat seines Sohnes Wilhelm mit der Schwester Christians ins
Auge[2]).

Für Johann war es ein lockendes Anerbieten; sollte er ihm
Folge geben? Fiel seine Antwort in bejahendem Sinne aus, schloss
er sich den Häuptern des schmalkaldischen Bundes an, dann war
der offene Bruch mit Karl vollzogen. Und gerade diesen wollte
er vermieden sehen; so wie er die Aufforderung zum Eintritt in
den Nürnberger Bund abgelehnt hatte[3]), wollte er auch mit der
Gegenpartei in keine feste Verbindung treten. War demnach auch
für ihn der protestantische Vorschlag unannehmbar, so verschloss
er sich doch keineswegs der Erkenntnis, dass er allein der Macht
des Kaisers nicht widerstehen könne. In diesem Punkte war er
mit seinem Schwiegersohn einig; nur in der Frage, auf welchem
Wege er gegen den Kaiser sich behaupten könne, entfernte er sich
weit von dessen Ansicht. Anstatt eines Sonderbundes beabsichtigte
er, wie er es schon in seiner Antwort an Held angedeutet hatte,
die Herstellung der Ruhe und des Friedens im deutschen Reiche

---

[1]) An demselben Tage, von dem der Bescheid datiert ist, dem 9. April, be-
stätigen diese beiden den Nimweger Vertrag; Johann Friedrich hatte ihn schon
am 6. April mit garantiert, der Bischof von Münster folgte am 25. April nach
(Lacomblet, Urkundenbuch IV, 666, A. 1; Below, S. 241 f.).

[2]) Antwort der Fürsten, 9. April 1538. W. A. Reg. C. pag. 465 Nr. 1 a.
Rantzau an Philipp, 12. August 1538; Philipp an Johann Friedrich, 1. September 1538.
W. A. Reg. C. pag. 470 Nr. 4a.

[3]) Below, S. 252.

durch eine Vereinigung aller Fürsten, Katholiken wie Protestanten; die Stände sollten sich unter einander friedlich vergleichen und einen jeden, der sich in einer Streitsache zu rechtlicher Entscheidung erboten habe, verteidigen helfen[1]). An und für sich schien dieser Vorschlag ja die einfachste Lösung für alle Teile zu sein, doch augenblicklich war an die Ausführung desselben nicht zu denken; es war die Zeit, wo durch die Gründung des Nürnberger Bundes der Gegensatz der beiden Parteien verschärft worden war. Dolzig und Planitz, welche im Auftrage Johann Friedrichs sich zu Johann begeben hatten, um seine Antwort auf das Braunschweiger Anerbieten einzuholen[2]), hatten allen Grund, als sie ihrem Missmute über diesen weitschweifigen Bescheid Ausdruck gaben. Für den Kurfürsten und seine Glaubensgenossen bedeutete derselbe eine direkte Ablehnung; ihr Entgegenkommen auf das Ansuchen des Herzogs war nutzlos gewesen.

---

[1]) Antwort Johanns an Dolzig und Planitz; Beilage zu deren Schreiben an Johann Friedrich vom 6. September 1538. W. A. Reg. C. pag. 470 Nr. 4a.

[2]) Die Instruktion Johann Friedrichs für sie ist vom 20. August 1538. W. A. a. a. O.

Zweites Kapitel.

Versuche einer friedlichen Beilegung des Streites.

Zu dieser vorsichtigen und zurückhaltenden Politik gegenüber den Protestanten glaubte sich Johann umsomehr veranlasst, als sich jetzt eine friedliche Lösung der Streitfrage, auf die sein Sinn vor allem gerichtet war, anzubahnen schien.

Am 30. Juni 1538 war Herzog Karl von Geldern gestorben; aus dem bisherigen Schirmherrn war Wilhelm nunmehr der rechtmässige Besitzer und Herr geworden, sein Vater überliess ihm allein fortan nach aussen hin die Vertretung der geldrischen Ansprüche[1]), wenn er ihm auch weiter ratend und helfend zur Seite stand. Dies war um so nötiger, als Maria es jetzt für geraten hielt, aus ihrer passiven Haltung herauszutreten. An ein bewaffnetes Einschreiten, das sie nach wie vor für den einzigen, einen schnellen Erfolg versprechenden Weg zur Erlangung Gelderns ansah[2]), konnte sie allerdings infolge neuer Weisungen ihres Bruders, die mit den ersten sich deckten[3]), nicht denken; das weitere ruhige Zuschen schien ihr aber mit der Ehre und dem Ansehen der kaiserlichen Macht unverträglich zu sein. So entschloss sie sich zu einem Schritte, welcher dem Wunsche Karls auf eine friedliche Vermittelung entsprach. Am 5 Juli wandte sie sich an die Stände von Geldern und Zütphen mit der Bitte um Geleit für ihre Gesandten, die sie zu ihnen im Auftrage des Kaisers schicken wolle. Die Antwort, die sie erhielt, liess an Deutlichkeit nichts zu wünschen übrig; die Stände erklärten, dass es ihnen, da sie Wilhelm zu ihrem Herrn angenommen hätten,

---

[1]) Die clevischen Räte an Harst, wohl bald nach dem 4. Oktober 1538 zu datieren. Düsseldorfer Archiv, Jülich-Berg. Herzogtum Geldern Nr. 15. Johann an Johann Friedrich, 30. Oktober 1538. W. A. Reg. C. pag. 474-75 Nr. 5.

[2]) Maria an Karl, Juli 1538. Br. A. Papiers Nr. 69. Inhaltsangabe bei Lanz. Correspondenz II, 683; nach S. 288 vielleicht vom 6. Juli zu datieren.

[3]) Lanz, Correspondenz II, 682, Instruktion für Falaix nebst Karls Antwort, wohl aus dem März und April 1538.

nicht zukäme, Geleit auszustellen; sie solle sich nur selbst an diesen wenden[1]). Wollte Maria nicht von vornherein jede weitere Verhandlung unmöglich machen, so musste sie diesem Ansinnen Folge geben. Und bei Johann fand sie mehr Entgegenkommen[2]); schien doch hierdurch sein Wunsch auf friedliche Beilegung des Streites der Verwirklichung näherzurücken. Er erklärte sich bereit, ihre Räte zu empfangen. Als dieselben ihm am 3. August in Cleve vortrugen[3]), wie ihre Herrin sich über die Besitzergreifung Gelderns sehr wundere, und mit der Forderung schlossen, er solle seinen Sohn zum Verzichte bewegen, verwies er sie an diesen. Wilhelm erbot sich, wie es sein Vater auch schon vorher Maria zu erkennen gegeben hatte, seine Abgeordneten zu ihr zu schicken und die Rechtmässigkeit seiner Ansprüche ausführlich darlegen zu lassen.

Zwei Gründe waren es, welche Maria die Annahme dieses Vorschlages als geboten erscheinen liessen. Einmal wurde ihr hierdurch die Möglichkeit gegeben, vor aller Welt Wilhelms Besitznahme als widerrechtlich zu kennzeichnen.[4]) Hierzu kam die bestimmt ausgesprochene Weisung ihres Bruders, die Angelegenheit womöglich auf friedliche Weise beizulegen; und dass Karl trotz des Abschlusses eines zehnjährigen Waffenstillstands mit dem Könige von Frankreich seine Ansicht nicht geändert habe, bewies ihr ein Schreiben,[5]) in welchem er ihr ausdrücklich ein gutes Verhältnis zu Wilhelm zur Pflicht machte.

So kam es zur Zusammenkunft von Wilhelms und Marias Räten in Brüssel. Am 15. September nahmen die Verhandlungen ihren Anfang.[6]) Zuerst bewegte man sich ausschliesslich in weitschweifigen rechtlichen Erörterungen, deren Ergebnislosigkeit man

---

[1]) Maria an die Stände, 5. Juli 1538; die Stände an Maria, 8. Juli 1538. D. A Cleve-Mark, Verhältnisse zu Geldern Nr. 47 b.

[2]) Maria an Johann, 14. Juli 1538; Johann an Maria, 17. Juli 1538. D. A. a. a. O.

[3]) Bericht vom 3. August 1538, ebenda. Eine Notiz hierüber in der Zeitschrift des Bergischen Geschichtsvereins Bd. 23, S. 59, erwähnt von Below. S. 246, A. 2. Vgl. auch Henne, Histoire du règne de Charles-Quint en Belgique VII, 268.

[4]) Maria an Karl, 13. August 1538. Br. A. Papiers Nr. 69.

[5]) Karl an Maria, 28. Juli 1538, ebenda. Inhalt bei Lanz, Correspondenz II, 638 f., citiert von Henne, Charles-Quint VII, 269. Von demselben Datum ist im Br. A. in demselben Bande noch ein Brief Karls an seine Schwester, in welchem er seinen festen Entschluss ausspricht, Geldern niemals aufzugeben, ein Schreiben, das er selbst als ostensibel bezeichnet und dessen sich Maria eventuell bedienen sollte.

[6]) Below, S. 266 ff.

selbst bald einsah, da jeder Teil auf seinem Standpunkte beharrte.
So entschlossen sich die clevischen Gesandten zu einer privaten
Unterredung mit dem Herzog von Aerschot und erklärten Wilhelms
Bereitwilligkeit,[1] auf alle Geldforderungen, die er von dem bur-
gundischen Hause zu beanspruchen habe, wie auf die Herrschaften
Wynendaele und Breskensand zu verzichten und die 80000 Goldgulden zu erstatten, welche Karl der Kühne im Jahre 1473 für
Geldern gegeben habe. Da sie jedoch auf Marias Hauptforderung,
von deren Erfüllung sie alles andere abhängig gemacht hatte, die
Abtretung der beiden Länder, nicht eingingen, so erreichten sie
mit ihrem Entgegenkommen nichts. Ebenso wenig Beifall fanden
aber bei ihnen die burgundischen Gegenvorschläge:[2] Wilhelm solle
sich zum Kaiser nach Spanien begeben, um eine Vermittelung herbeizuführen, oder für die Hand Christines,[3] der Witwe des Herzogs von Mailand und Nichte Karls V., deren bereits im Oktober
des Jahres 1537 beschlossene Vermählung unter dem Einfluss der
geldrischen Angelegenheit unterblieben war, auf seine neue Erwerbung verzichten; sei er auch hierzu nicht geneigt, so solle er
dem Kaiser einige Grenzstädte vorläufig abtreten, während man
diesen inzwischen zu bewegen suchen werde, ihm den Rest zu
lassen. Trotz aller Bemühungen war so das Ergebnis aller Verhandlungen ein völlig negatives. Bei dem Abschiede baten Wilhelms Gesandte die Königin, bei ihrem Bruder dahin zu wirken,
dass die geldrische Frage durch die sechs Kurfürsten oder einige
von den Fürsten auf gütlichem oder rechtlichem Wege entschieden
werde, eine Bitte, die der Herzog schon in einem allgemeinen Ausschreiben vom 1. August an die Reichsstände gerichtet hatte.[4]
Maria versprach, den Kaiser von der ganzen Unterhandlung in
Kenntnis setzen zu wollen. So waren in Brüssel die verschiedenen Ansichten zum offenen Ausdruck gekommen; eine friedliche

---

[1] Wilhelms Räte in Brüssel an Harst, 23. September 1538. D. A. J.-B. Hgtm.
Geldern Nr. 16.

[2] Relation von Kreuz an Johann Friedrich über seine Sendung an Johann,
23. Oktober 1538. W. A. Reg. C. pag. 470-73 Nr. 4b. Diese Gesandtschaft erwähnt von Below, S. 247, A. 3.

[3] Below, S. 244. Da die Heirat Wilhelms mit der Mailänderin nicht officiell
erörtert, sondern nur beiläufig gestreift wurde, so konnten die Räte an Harst
schreiben, dass auf der Brüssler Zusammenkunft die mailändische Angelegenheit
nicht zur Verhandlung gekommen sei (vgl. ihr obiges Schreiben aus dem Oktober
S. 10, A. 1.).

[4] Lacomblet, Archiv V, 30. Below, S. 258, A. 2.

Verständigung schien ferner denn je zu liegen, da in dem entscheidenden Punkte kein Teil zur Nachgiebigkeit bereit war.
Dieser Ausgang musste Wilhelm nur darin bestärken, in den zum Schutze seines Landes bereits getroffenen Massnahmen unermüdlich fortzufahren. Sie bewegten sich in doppelter Richtung.[1]) Einmal handelte es sich darum, seine Herzogtümer Jülich und Berg, welche durch wenige Festungen gegen einen feindlichen Angriff unzureichend gedeckt waren, durch Anlage neuer Befestigungen möglichst zu schützen. Ein dahin gehender Beschluss war bereits im Sommer[2]) von den Ständen gefasst worden. Inbetreff der Aufstellung eines Heeres, welche die zweite Massregel ins Auge fasste, ging man auf einen von den geldrischen Ständen bald nach dem Tode Herzog Karls in Arnheim gemachten Vorschlag zurück. Nach diesem sollte Wilhelm im Falle eines feindlichen Ueberfalles über die stattliche Zahl von 16000 Knechten und 1500 Reisigen verfügen, gebildet aus den Kontingenten der einzelnen Landesteile, zu denen noch 1500 Reisige, die er selbst unterhalten sollte, und in der Not das Landesaufgebot treten sollten.[3]) Die Zustimmung der Stände von Jülich-Berg und Geldern-Zütphen liess nicht lange auf sich warten;[4]) die von Cleve-Mark machten dagegen Schwierigkeiten.[5]) So that Wilhelm alles Mögliche, um seinen Besitz, soweit es auf ihn ankam und ohne fremde Unterstützung überhaupt möglich war, zu behaupten.

Aber auch seine Gegnerin war inzwischen nicht müssig gewesen.

---

[1]) Below, S. 248 ff.

[2]) Below, S. 252 ff. und 262 ff.

[3]) Below, S. 256 f. Dass dieser Beschluss in Arnheim gefasst wurde, ergiebt sich aus einem Bericht über den Landtag zu Cleve vom 19. August 1538. D. A. C.-M. Verh. zu Geldern No. 46a. Stattgefunden hat dieser Landtag wohl im Juli oder an den beiden ersten Tagen des August, da Wilhelm am 3. August von seiner Reise aus Geldern, wo er nach dem Tode Karls die Huldigung empfangen hatte, schon zurückgekehrt ist und in Cleve Marias Gesandte empfängt (vgl. oben S. 11). Im D. A. C.-M. Verh. zu Geldern No. 47c befindet sich ein Schreiben Wilhelms vom 5. August an den Grafen von Mörs und Martin von Rossem, in welchem er einen geldrischen Landtag erwähnt, der „jüngst" in Arnheim stattgefunden habe. Da Wilhelm am 9. Juli dort gewesen zu sein scheint, so kann die Versammlung auch schon in diese Zeit fallen (vgl. Nyhoff, Inventaris van het oud archief der gemeente Arnhem S. 195).

[4]) Below, S. 264 ff. Hoen und Martin von Rossem an Wilhelm, 5. September 1538. D. A. C.-M. Verh. zu Geldern No. 47b.

[5]) Below, S. 249 f., A. 2.

Ihr Hauptaugenmerk musste darauf gerichtet sein, die Neutralität der deutschen Fürsten, zumal der Protestanten, die als die natürlichen Verbündeten des Herzogs erscheinen mussten, zu erwirken. Daher sandte sie an Johann Friedrich Gottschalk Erichsen, während Naves an den Landgrafen einen entsprechenden Auftrag erhielt.[1]) Die Antwort beider Fürsten fiel in demselben Sinne aus; sie stellten sich auf den Standpunkt Wilhelms und boten der Königin ihre Vermittlung an.[2])

Die Sendung Marias war hiermit gescheitert; es war ihr nicht gelungen, die beiden Fürsten in ihrer Stellungnahme für Wilhelm wankend zu machen. Nicht besser erging es ihr mit den geldrischen Ständen, an die sie sich ebenfalls gewandt hatte; in entschiedenem

---

[1]) Instruktion bei Lanz. Staatspapiere S. 281 ff. Ob die Gesandtschaft in dem ganzen Umfange, wie sie geplant war, auch ausgeführt worden ist, vermag ich nicht zu sagen; bei den rheinischen Kurfürsten hat sie jedenfalls stattgefunden (Philipp an Johann Friedrich, 17. August 1538. W. A. Reg. C. pag. 468—470 No. 3). Credenz für Naves bei Duller, Neue Beiträge zur Geschichte Philipps des Grossmütigen S. 25. Credenz für Erichsen vom 23. Juli 1538 im W. A. an der obigen Stelle. An Johann Friedrich hatte Maria auch schon wie an die Kurfürsten von Köln und Trier und den Bischof von Münster im Winter des Jahres 1538 eine Botschaft wegen der geldrischen Angelegenheit geschickt (Maria an Aerschot, 23. Januar 1538. B. A. Papiers No. 69; vgl. auch Lanz, Staatspapiere S. 254).

[2]) Antwort Johann Friedrichs als Beilage zu seinem Schreiben an Philipp vom 19. August 1538. M. A. Sachsen, Ernestinische Linie, Correspondenz mit Kursachsen I, 11. Antwort Philipps vom 20. August 1538. W. A. Reg. C. pag. 470 No. 4 a. Am clevischen Hofe betrachtete man die Sendung von Naves an den Landgrafen mit Misstrauen; man fürchtete, er habe Philipp auf die burgundische Seite zu ziehen sich bemüht (vgl. den Bericht Udenheimer's vom 8. September 1538 im W. A. Reg. C. pag. 470 No. 4a), eine Ansicht, die auch der Kurfürst teilte (vgl Johann Friedrich an Dolzig und Udenheimer, 1. September 1538 im W. A. a. a. O.). — Die Veranlassung gab für den letzteren ein Schreiben Philipps an ihn vom 17. August 1538 in W. a. a. O. — es ist wohl das von Lenz, Bucer I, 410 erwähnte — in welchem dieser ihm mitteilte, dass ihm nach seiner Ansicht aus dem geldrischen Handel grosse Vorteile erwachsen könnten, wenn er nicht auf ihn Rücksicht nehmen und bedenken würde, dass es nicht gut wäre, dass Wilhelm unterworfen werden sollte. Nach den Akten, die ich gefunden habe, geht der Auftrag von Naves an Philipp nicht über den von Erichsen an den Kurfürsten hinaus; bestimmte Anerbietungen als Preis für seinen Uebertritt lassen sich nicht nachweisen. Nach dem Berichte von Erichsen bei Duller, Beiträge S. 35, der demnach in den August 1538 gehört, war es vielmehr der Landgraf selbst, der ihm gegenüber hervorhob, wie wichtig für den Kaiser seine Stellungnahme in der geldrischen Frage sei, aber gleich hinzufügte, dass er Johann Friedrich Wilhelms wegen nicht zu verlassen gedenke.

Tone erklärten diese, dass sie Wilhelm als Herrn angenommen hätten und ihn nicht verlassen würden.[1]

Auf allen Seiten stiess sie so auf Widerstand. Darf man sich da wundern, dass ihr die Lage als trostlos erschien, dass sie die einzige Rettung in der Ankunft des Kaisers erblickte? Dazu hatte es jetzt noch den Anschein, als ob sich der Herzog von Lothringen, der andere Prätendent auf Geldern, den sie immer noch gegen Wilhelm auszuspielen gehofft hatte, mit diesem verständigen wolle.

Um Herzog Anton für seine geldrischen Ansprüche zu entschädigen, war in Nimwegen bestimmt worden, dass er nach dem Tode Karls eine angemessene Geldentschädigung empfangen und eine Doppelheirat zwischen den beiden Häusern von Cleve und Lothringen vollzogen werden solle: sein Sohn Franz sollte, wie es schon im Jahre 1527 verabredet worden war, Anna, die Schwester Wilhelms, zur Frau erhalten, dieser die Tochter Antons.[2] Letzterer war aber nicht geneigt gewesen, auf diese Vorschläge einzugehen; beharrlich hatte er an seinem Rechte festgehalten, von einem Verzichte nichts wissen wollen. Noch nach dem Tode Karls hatte er dieser Ansicht vor den beiden Herzögen von Cleve und Geldern und den Ständen dieses Landes Ausdruck geben lassen; doch zu derselben Zeit, wo seine Gesandten die beiden Landschaften für ihn als den einzig rechtmässigen Erben in Anspruch nahmen,[3] schien sich eine friedliche Lösung der Streitfrage zwischen den beiden Gegnern anbahnen zu wollen.

Da Anton aus den Forderungen des Kaisers, ihm seine Ansprüche zu übertragen oder kaufweise zu überlassen, ersehen hatte, dass von dieser Seite ein Verzicht auf Geldern zu seinen Gunsten nicht zu erwarten sei, so entschloss er sich, mit Wilhelm in Verbindung zu treten und zu versuchen, ob bei ihm vielleicht mehr zu erreichen sei. Durch den Grafen Wilhelm von Fürstenberg liess

---

[1] Maria an die Stände, 20. August 1538 bei Pontanus, Historiae Gelricae libri XIV, Amsterdam 1639, S. 809 f; die Stände an Maria, 10. September 1538 a. a. O. S. 810 f. und bei Below, S. 258, A. 1; vgl. auch Nyhoff, Arnhem S. 196.

[2] Below, S. 240 f.

[3] Below, S. 246. Die Werbung der Gesandten an die Stände von Geldern bei Pontanus, Historia Gelrica S. 807 f; die Antwort derselben ebenda S. 811 f; sie ist datiert vom 5. Oktober 1538. D. A. C.-M. Verb. zu Geldern No. 47 b. Der Inhalt ist derselbe wie an Maria; sie erklären, dass sie ihron Herrn nicht verlassen wollen. Vgl. auch Nyhoff, Arnhem S. 196.

er den Landgrafen Philipp und den Kurfürsten Johann Friedrich um ihre Vermittlung zwischen ihm und Wilhelm ersuchen und als geeignetes Mittel zur Verständigung die Teilung der streitigen Länder vorschlagen.[1]) Bereitwillig gingen diese darauf ein, denn dadurch schien die Gefahr, die auch für sie in einer engen Verbindung des lothringischen Herzogs mit Karl V. lag,[2]) abgewendet zu werden; statt der vorgeschlagenen Teilung wollten sie aber eine Abfindung Antons mit Geld. Bevor sie aber der Ausführung nähertraten, mussten sie sich erst noch vergewissern, ob Wilhelm zur Unterhandlung bereit sei. Die Anfrage, welche im Auftrage Johann Friedrichs Kreuz an ihn richtete, gelangte an ihn zu der Zeit der Verhandlungen in Brüssel; erst als die Räte von dort zurückgekehrt waren und die Ergebnislosigkeit derselben berichtet hatten, erteilte er ihm Bescheid.[3]) Er erklärte seine Zustimmung und fügte den Wunsch hinzu, dass der Kurfürst von Trier als gemeinsamer Freund von Anton und ihm hinzugezogen werde; es konnte ihm jetzt nur erwünscht sein, da mit Maria ein Vergleich nicht möglich gewesen war, sich wenigstens mit dem andern Rivalen zu verständigen. So liess der Kurfürst zusammen mit dem Landgrafen die Einladung an die Fürsten zu einer Zusammenkunft in Köln auf den 15. Dezember ergehen.[4])

---

[1]) Winckelmann, Politische Korrespondenz Strassburgs aus der Reformationszeit II, 516f. u. 526f; Philipp an Johann Friedrich, 11. September 1538; Johann Friedrich an Philipp, 17. September, dto. 18. September 1538. M. A. Sachsen, Ernestinische Linie, Korrespondenz mit Kursachsen I, 11.

[2]) Am 1. Januar 1539 schreibt Philipp an den Kurfürsten, dass nach den Gerüchten der Herzog von Lothringen Rüstungen veranstalte, um mit kaiserlicher und französischer Unterstützung Wilhelm zu überziehen. Es sei zu befürchten, dass der Kaiser nach der Unterwerfung desselben gegen sie ziehen werde. Sei der Kaiser erst im Besitze der clevischen, jülichschen und geldrischen Länder, so habe er das beste Werbegebiet für die Reiterei. Da er die Knechte aus Oberdeutschland bekommen könnte, so würde er mit Truppen gut versehen sein, während ihnen dieselben fehlen würden. (W. A. Reg. C. pag. 475 No. 6.) Vgl. auch zu dem letzten Lenz, Bucer I, 402.

[3]) Below, S. 247, A. 3. Kreuz an Johann Friedrich, 27. September 1538. W. A. Reg. C. pag. 470—73 No. 4b.

[4]) Johann Friedrich und Philipp an Johann und Wilhelm, 15. Oktober 1538; Instruktion an den Kurfürsten von Trier für Georg von Harstall und Heiderich von Calenberg von demselben Tage. M. A. Sachsen, Ern. Linie, Korrespondenz mit Kursachsen I, 11. Letzterer nahm übrigens krankheitshalber an der Gesandtschaft nicht teil (Heiderich an Harstall, 30. Oktober 1538 im W. A. Reg. C. pag. 474—75 No. 5.). Ebenda das Schreiben der beiden Fürsten an Anton vom 15. Oktober 1538.

Von Wilhelm kam, wie es nicht anders zu erwarten war, eine Zusage. Als aber von dem Kurfürsten von Trier eine ablehnende Antwort eintraf, da ihn die Rücksicht auf das burgundische Haus an der Teilnahme an der Vermittlung hinderte, glaubte Johann Friedrich aus einigen Andeutungen desselben entnehmen zu können, dass Herzog Anton nicht erscheinen werde.[1] Er hatte sich nicht getäuscht. In höflichem Tone entschuldigte sich dieser, dass es ihm krankheitshalber unmöglich sei, sich zu der festgesetzten Zeit nach Köln zu begeben, und wenn er auch um Verschiebung des Termins der Zusammenkunft bis zum 1. März bat, so lag ihm jetzt an dem Zustandekommen derselben nichts mehr.[2] Von Anfang an hatte er ein doppeltes Spiel getrieben. Bald darauf, nachdem er die Verhandlungen mit den beiden protestantischen Fürsten angeknüpft hatte, entschloss er sich, mit dem Kaiser, der ihm für die Abtretung seiner geldrischen Ansprüche die Verheiratung der Herzogin Christine von Mailand mit seinem Sohne Franz in Aussicht gestellt hatte, in nähere Verhandlung zu treten,[3] zumal da er aus der Brüsseler Zusammenkunft ersehen konnte, dass Wilhelm auf seinen Teilungsvorschlag niemals eingehen würde. Vorläufig hielt er es aber für zweckmässig, die Verbindung mit den beiden Fürsten, die seinem Wunsche entsprechend den Tag bis zum 1. März hinausgeschoben hatten, noch nicht ganz zu lösen, da diese Verhandlungen ihm die Möglichkeit gaben, auf diejenigen mit dem Kaiser einen gewissen Druck auszuüben.[4] Auf der gegnerischen Seite hatte man indes sein falsches Spiel durchschaut; der Landgraf wie der Kurfürst hielten mit ihrer Meinung nicht zurück, dass Anton sie nur mit guten Worten hin-

---

[1] Wilhelm an Johann Friedrich, 30. Oktober 1538; von demselben Datum ein Schreiben Johanns, in welchem er zu kommen ablehnt, beide im W. A. a. a. O., wo auch ein Brief Johann Friedrichs an Wilhelm vom 26. November 1538, Trier betreffend, sich befindet. Ueber denselben Gegenstand schreibt er an Philipp am 13. und 17. November. D. A. a. a. O.

[2] Anton an Johann Friedrich u. Philipp, 4. November 1538. W. A. a. a. O.

[3] Winckelmann, Strassburg II, 526; Venetianische Depeschen I, 232 Friedensburg. Nuntiaturberichte III, 507; Karl an Maria, 6. September und 5. Dezember 1538. B. A. Papiers No. 69 und 52, Inhalt bei Lanz, Korrespondenz II, 684 und 686. Die lothringische Botschaft, die zu diesem Zwecke zu Karl nach Spanien kam, empfing dieser am 9. November in Audienz. (Harst an Ghogreff, 12. November 1538. D. A. J.-B. Hgtm. Geldern No. 15.)

[4] Johann Friedrich an Wilhelm, 26. Nov. 1538. W. A. a. a. O. Johann Friedrich und Philipp an Anton, 23. November 1538. M. A. a. a. O. Anton an beide Fürsten, 24. Dezember 1538. W. A. a. a. O.

halten wolle, bis er von Karl vorteilhafte Bedingungen für sich
erlangt habe. Bis in den Februar des Jahres 1539 zogen sich
diese Vermittlungsversuche hin; erst da hielt es Anton, obwohl
seine Verhandlungen bei dem Kaiser noch zu keinem festen Abschluss geführt hatten, für angezeigt, offen mit seiner Absage
hervorzutreten.[1])

Das gerade Gegenteil von dem, was Philipp und Johann Friedrich erstrebt hatten, war also eingetreten; eine Verständigung
zwischen den beiden Parteien war ihnen nicht nur nicht gelungen,
sondern der Herzog von Lothringen hatte sich sogar auf die Seite
des Kaisers geschlagen, und wenn er sich mit diesem auch noch
nicht vollkommen geeinigt hatte, so war doch ein Vergleich mit
Wilhelm fortan ausgeschlossen.

Das Verhältnis zwischen den beiden Fürsten wurde jetzt
wieder sehr gespannt. Erneut brachte Anton seine Ansprüche
vor den geldrischen Landtag, ja sogar vor die Reichsstände, denen
er im Jahre 1540 in Hagenau eine Druckschrift zustellen liess,
in welcher er für sich als den alleinigen rechtmässigen Erben nicht
allein Geldern und Zütphen, sondern auch Jülich forderte[2]).

Während so diese Unterhandlungen scheiterten, war es Wilhelm
selbst mit einem Versuche, eine Verständigung mit dem Kaiser
herbeizuführen, nicht besser ergangen. Schon Ende April 1538
hatte sein Vater seinen Rat Karl Harst mit einer gleichlautenden
Instruktion an den König Ferdinand und den Kaiser abgeschickt,
um seine Berechtigung zur Besitzergreifung von Geldern und
Zütphen nachweisen und seine Bereitwilligkeit zur Vollziehung der
Ehe Wilhelms mit der Herzogin von Mailand aussprechen zu lassen[3]).
Keinen Augenblick verhehlte sich Harst die Schwierigkeiten, die
seiner warteten. Deutlich hatte er bei seinem Aufenthalt in Bra-

---

[1]) Below, S. 247.

[2]) Anton an die geldrischen Stände, 17. Mai 1539; die Stände an Anton,
28. Mai 1539. D. A. J.-B. Manuskripte B 220. Die Druckschrift nebst einem
dazu gehörigen Stammbaum sandte Wilhelm seinem Schwager am 5. Juli 1540
(W. A Reg. C pag. 486 Nr. 8b). Vgl. auch Calmet, Histoire ecclésiastique et
civile de Lorraine, Nancy 1728, II, 1184 ff.

[3]) Instruktion vom 28. April 1538. Die Berichte Harst's nebst den Schreiben
Wilhelm's und seiner Räte an ihn im D. A. J.-B. Hgtm. Geldern Nr. 15 und 16.
Vgl. auch Ranke, deutsche Geschichte IV, 129, der aus denselben eine kurze
Zusammenstellung über Harst's Verhandlungen mit dem Kaiser giebt; ferner Lacom-
blet, Archiv V, 30, Below, S. 245 und den Artikel von Harless über Harst in
der Allgemeinen Deutschen Biographie X, 647 ff.

bant erkannt, dass vor allem Maria es war, die eine baldige Entscheidung der geldrischen Frage mit den Waffen wünschte und
in dem Sinne auf ihren Bruder einwirkte, mit dem sich gütlich zu verständigen er sonst nicht für ausgeschlossen hielt.[1]) Leicht war
demnach die ihm gestellte Aufgabe nicht; jedoch Johann konnte
überzeugt sein, dass Harst, soweit es in seinen Kräften stand, es
an nichts fehlen lassen werde, um seinen Auftrag zu einem glücklichen Ende zu führen.

Sein Weg führte ihn zunächst zu König Ferdinand, den er
in Olmütz traf. Aufmerksam hörte dieser seinen Vortrag an und
liess sich die Worte, dass Johanns Vorfahren von Alters her zu
Geldern und Zütphen berechtigt gewesen seien, wiederholen; in
seiner Antwort versprach er, dem Kaiser von allem Nachricht zu
geben, und knüpfte die Hoffnung daran, dass Johann in der
Zwischenzeit weder ihm noch seinem Bruder Grund zur Beschwerde
geben werde[2]). Johann konnte mit diesem Bescheide zufrieden
sein; es war schon für ihn von Wert, dass Ferdinand sich nicht
direkt gegen ihn erklärt hatte.

Durch seinen Aufenthalt in Böhmen wurde Harst's Hoffnung,
den Kaiser noch in Italien zu treffen, vereitelt; als er in Mailand
ankam, war Karl schon von Genua abgefahren; es blieb ihm so
nichts weiter übrig, als demselben nach Spanien zu folgen[8]).
Wegen der Unsicherheit der Seereise durch die Piraten nahm er
den Landweg; glücklich langte er in Valladolid an. Am 19. September hatte er bereits seine erste Audienz. Gestiefelt und ge-
spornt hörte ihn der Kaiser, der im Begriffe war, zu seiner Mutter
zu reiten, an und nahm seinen schriftlichen Bericht entgegen[4]).
Obwohl er ihm eine definitive Antwort erst in Toledo, wohin er in

---

[1]) Lacomblet, Archiv V, 129. Harst an Ghogreff, 28. Februar 1539;
Harst an Wilhelm, 4. März 1539. Daher erklärt sich seine entschiedene Abneigung
gegen die Königin und die „Burgunder", in der er sogar soweit ging, dass er ihnen
die Absicht zutraute, Wilhelm durch Gift um's Leben zu bringen (Harst an
Ghogreff, 1. Juli 1538, dto. 3. August 1539). Auf Harst gehen wohl auch die
Massnahmen Johanns zur Verteidigung seines Landes zurück (Below S. 248, A. 2).

[2]) Harst an Ghogreff, 28. Juni 1538; als Beilage dazu den Bescheid Ferdinands, der, wie sich aus dem Berichte Harst's vom 5. November 1538 ergiebt,
vom 25. Juni ist. Ueber die Bedeutung, welche Ferdinand der geldrischen Angelegenheit beimass, vgl. Friedensburg, Nuntiaturberichte II, 317.

[3]) Harst an Ghogreff, 1. und 20. Juli 1538.

[4]) Ders. an dens., 19. September 1538.

2*

den nächsten Tagen aufbrechen wollte¹), zu geben versprochen hatte,
hielt er doch jetzt schon mit seinem Befremden über die Besitzergreifung Gelderns durch den Herzog von Cleve nicht zurück;
der Abschied war, wie Harst schreibt, ganz ernstlich. Deutlich
erkannte er die Nutzlosigkeit weiterer Bemühungen bei Karl, da
dieser die Abtretung Gelderns verlange und zu keiner anderen
Verständigung als auf dieser Grundlage geneigt sei. Die Antwort,
die er in Toledo erhielt und die noch schroffer lautete, bestärkte
ihn nur in seiner Meinung²). Jedoch der Auftrag Wilhelms³), bei
dem Kaiser die Belehnung mit Geldern und Zütphen, die durch
den Tod Herzog Karls notwendig geworden war, nachzusuchen,
nötigte ihn, um eine neue Audienz zu bitten. Bezeichnender konnte
Karl seine Absicht gar nicht ausdrücken, als dadurch, dass er in
seiner Erwiderung diesen Punkt mit keinem Worte berührte; ein
erneutes Ansuchen hatte ebenso wenig Erfolg; aus seiner Verhandlung mit dem Kaiser am 2. April des Jahres 1539 glaubte er den
baldigen Ausbruch des Krieges entnehmen zu können⁴). Als er
sich bald darauf wiederum an Granvella wandte und seine Vermittelung in Anspruch nahm, fuhr dieser ihn in Gegenwart vieler
Personen zornig an und fragte ihn, ob er sich nicht schäme, so
unbegründete Forderungen vorzubringen, und ob er des Kaisers
spotten wolle: er habe hier nichts mehr zu thun und solle sofort
nach Hause reiten⁵). Nur zu erklärlich war es, dass man am
kaiserlichen Hofe den lästigen Beobachter loswein wollte. Doch
dieser blieb, da eine in der Heimat eingetretene Veränderung
seinen weiteren Aufenthalt in Spanien als wünschenswert erscheinen liess.

In der Nacht vom 6. zum 7. Februar 1539 war Herzog Johann
gestorben;⁶) noch auf seinem Totenbette hatte er seinem Sohne empfohlen, mit dem Kaiser stets ein gutes Verhältnis zu bewahren

¹) Harst meldet am 25. September den bereits erfolgten Aufbruch des
Kaisers; Vandenesse giebt in dem „Journal des voyages de Charles-Quint" 1514—1551,
hggb. von Gachard, S. 148 als Datum der Abreise den 21. September an.
²) Harst an Ghogreff, 7. November 1538.
³) Die Räte zu Cleve an Harst, 4. Oktober 1538.
⁴) Harst an Ghogreff, 27. November 1538; Harst an Wilhelm, 15. Februar
1539; Harst an Ghogreff, 8. April 1539.
⁵) Harst an Ghogreff, 20. April 1539.
⁶) Ztscht. des Bergischen Geschichtsvereins IV, 355 Anm.; Winckelmann,
Strassburg II, 549. Wilhelm an Johann Friedrich, 7. Februar 1539. W. A. Reg.
C. pag. 475 Nr. 6.

und alles zu vermeiden, was eine friedliche Beilegung der Streit-frage hindern könne. Von diesem Grundsatze hatte Johann sich immer leiten lassen; die Frage war, ob Wilhelm, des väterlichen Rates beraubt, dieselben Bahnen wandeln würde. Vor eine schwere Aufgabe sah er sich gestellt, fast zu schwer für seine Jahre.[1] Erforderte die Regierung dieser grossen Ländermasse schon an und für sich zu einer Zeit, wo die Nation in zwei feindliche Lager gespalten war, grosse politische Begabung, entschlossenes Auf-treten, thatkräftiges Handeln, um wieviel mehr bedurfte es der-selben jetzt, wo ein Konflikt zwischen dem clevischen und bur-gundischen Hause unvermeidlich schien. Und Wilhelm war nicht der Mann, den die Lage forderte.

Eine durchaus unselbständige Natur, überliess er die Regie-rung seinen Räten; vollkommen war er von ihnen abhängig, ohne sie wagte er keinen wichtigeren Entschluss zu fassen.[2] Recht gut wussten dies auch seine Gegner; am Hofe des Kaisers wie Marias schob man alle Schuld auf seine Ratgeber, in ihm selbst sah man nur den Bethörten.[3] Unter diesen Umständen war es

---

[1] Er war bei seinem Regierungsantritt noch nicht 23 Jahre alt (vgl. Teschen-macher, Annales Cliviae, Juliae etc Frankfurt 1721, S. 331).

[2] Recht bezeichnend hierfür sind zwei Briefe Wilhelms an Ghogreff vom 24 März 1540 und 18. Februar 1549 im D. A. J.-B. Politische Begebenheiten ad 3¹/₂ und J.-B. Familiensachen Nr. 17, in welchen er seinen Rat in Anspruch nimmt. In dem ersten wünscht er seine Ansicht über die Beantwortung eines Briefes, da er nicht wisse, wie er sich damit halten solle und die Räte bis auf Vlatten nicht bei ihm seien; in dem zweiten schickt er ihm angekommene Briefe zu, die er zusammen mit den andern Räten beantworten solle. Nicht uninteressant ist auch folgende eigenhändige Aufzeichnung von ihm über seine Reise nach Frankreich in D. A. J.-B. Familiensachen Nr. 17: „Zum lesten das der kantzer und der docter myt eynanderen sych bedechten und machten myr etlyche offtzeychenys was ych antwortten solt wan ych van hystoryen und anderen sachen gefragt word off das ych es oyn wony yn den memoriam brecht.“ Dass Wilhelm sich seiner Abhängigkeit selbst bewusst war, ergiebt sich aus Ranke, deutsche Geschichte IV, 212. Vgl. über ihn auch Bucers Urteil bei Lenz, Bucer II. 142. Was nützte es unter diesen Umständen, dass ihm gute Gaben nachgerühmt wurden (vgl. Frie-densburg, Nuntiaturberichte, I, 525, Duller, Beiträge S. 35 und Melanthonis Opera, V, 520)?

[3] Vgl. Lacomblet, Archiv V, 129 und Kervyn de Lettenhove, Commen-taires de Charles-Quint S. 57 und 72. Held sprach Harst gegenüber sein Bedauern über den jungen, unschuldigen Fürsten aus (Harst an Ghogreff, 21. April 1539). Nach der Katastrophe im August 1543 schob man allgemein einen grossen Teil der Schuld auf die Räte (vgl. Below, S. 791 und Melanthonis Opera V, 187 f.). Wilhelm selbst liess sich vor dem Kaiser damit entschuldigen, dass er übel be-

ein Glück, dass seine Räte, so verschiedener Ansicht sie auch in
den einzelnen Fragen sein mochten, alle darin einig waren, dass
Wilhelm Geldern, nachdem er es einmal in Besitz genommen habe,
auch behaupten müsse; alle ihre Massnahmen dienten diesem einen
Zweck.[1]) Mit ihren Bestrebungen fanden sie bei Wilhelms Mutter
die eifrigste Unterstützung. Was ihrem Sohne an Thatkraft und
Energie fehlte, besass sie selbst in reichem Masse; niemals hätte
sie in eine freiwillige Abtretung Gelderns, das sie an das clevische
Haus gebracht hatte, gewilligt; auf die Kunde von dem siegreichen
Vorrücken des Kaisers starb sie an gebrochenem Herzen.[2])

Dieselbe Ansicht betreffs Gelderns vertrat auch der Kurfürst
Johann Friedrich. Immer wieder ermahnte er seinen Schwager,
mit dem er in regem Briefwechsel stand, alles zu thun, was zur
Erhaltung Gelderns nötig sei. Jedoch man darf seinen Einfluss
auf Wilhelm nicht überschätzen. In weniger wichtigen Angelegenheiten lässt sich dieser allerdings nicht bestreiten; namentlich hinsichtlich rechtlicher Erörterungen nahm er oft seinen Rat in Anspruch, auf den Reichstagen standen die sächsischen Gesandten
den seinen helfend und fördernd zur Seite. In den entscheidenden Fragen ging er dagegen selbständig vor. Die Erwerbung Gelderns teilte er ihm erst mit, als die eigentlichen Verhandlungen
schon zum Abschluss gekommen waren; bei seiner Reise nach
Gent holte er seine Ansicht ebenfalls nicht ein; das Bündnis mit
Frankreich wurde von den Abgeordneten Wilhelms vollzogen, ohne

---

raten worden sei (vgl. Vandenesse, Journal S. 262 und Henne, Charles-Quint VIII,
128). Man sprach sogar davon, dass die Räte ihn verraten hätten (vgl. die
Zeitung, die Kreuter dem Landgrafen am 8. September schickt. M. A. Schmalkaldischer Bund, Kundschaften und allerlei Bewerbung im Reich 1543/4).

[1]) In Betracht kommen vor allem Johann Ghogreff, der Kanzler von Jülich-
Berg, Heinrich Olisleger, der Verwalter des clevischen Kanzleramtes (vgl. über
diesen den Artikel von Harless in der Allgem. deutschen Biographie XXIV, 303
ff), Konrad Heresbach. (vgl. das oben erwähnte Buch von Wolters), der jülichsche
Kanzler Johann v. Vlatten und der clevische Marschall Hermann v. Wachtendonk.
Hierzu kommen noch Harst, der erst Gesandter bei dem Kaiser in Spanien und
dann bei Heinrich VIII. in England war (vgl. oben S. 18, Anm. 3). und Cruser, der in
gleicher Stellung die Verbindung mit dem französischen Hofe vermittelte (vgl.
den Artikel von Harless in der Allgem. deutschen Biographie IV, 628 f. und Below,
S. 272 A. 1).

[2]) Vgl. über sie Friedensburg, Nuntiaturberichte I, 525 und Ranke, deutsche
Geschichte IV, 213. Ihr Todestag war der 29. August 1543 (vgl. Allgem.
deutsche Biographie IV, 628 f und Dolzig an Johann Friedrich, 2. September
1543, W. A. Reg. C. pag. 526 Nr. 35).

die Ankunft des sächsischen Rates, der bereits unterwegs war, abzuwarten,[1]) der genaue Inhalt desselben dem Kurfürsten von seinem Schwager erst 2½ Jahre später mitgeteilt.[2]) Der beste Beweis hierfür ist wohl aber der, dass es Johann Friedrich trotz aller Bemühungen nicht gelang, Wilhelm zum Eintritt in den schmalkaldischen Bund zu bewegen.[3]) So verschiedenartig die Interessen auch waren, von denen Wilhelms Räte und seine Mutter auf der einen, der Kurfürst auf der andern Seite in der Beurteilung der geldrischen Frage sich leiten liessen, so geteilter Ansicht sie auch über die Art und Weise waren, wie die Behauptung Gelderns am besten zu erreichen sei, so stimmten sie doch in diesem Hauptpunkte alle überein. Da Johann immer derselben Ansicht gewesen war, ausserdem die Abwesenheit des Kaisers die Lage als nicht direkt bedrohlich erscheinen liess, so trat für die nächste Zeit durch den Tod des alten Herzogs keine Veränderung in der clevischen Politik ein. Wilhelm schritt auf den Bahnen weiter, die ihm sein Vater vorgezeichnet hatte.

Gleich die erste Massregel, die er traf, liess noch den Einfluss Johanns erkennen. Er beauftragte seine Gesandten, den in Frankfurt versammelten Fürsten die Rechtmässigkeit seiner Ansprüche vorzutragen und sie um ihre Vermittelung zu ersuchen.[4]) Dieselben wurden hier mehrmals vorstellig.[5]) Mit dem Bescheide, den sie erhielten, konnten sie zufrieden sein. Beide Parteien, Katholiken wie Protestanten, beschlossen, sich an den Kaiser zu wenden und für Wilhelm Fürsprache einzulegen.[6]) So war die geldrische Frage,

---

[1]) Sie folgten hierin nur ihrer Instruktion (Below, S. 289, A. 5; Wallenrod an Johann Friedrich, 2. August 1540. W. A. Reg. C. pag. 486 Nr. 8b).

[2]) Johann Friedrich an Dolzig und Planitz, 13. Dezember 1542: Dolzig an Johann Friedrich, 21. Dezember 1542. W. A. Reg. C. pag. 513 Nr. 26.

[3]) Das hier über Wilhelm und seinen Hof Gesagte gilt natürlich nur für die Jahre 1539—43.

[4]) Credenz Wilhelms für sie zur Werbung an die Stände vom 8. Februar in W. A. Reg. C. pag. 475 Nr. 6; die Namen derselben siehe bei Below, S. 276, A. 3.

[5]) Der erste Vortrag ergiebt sich aus Winckelmann, Strassburg II, 561 f. Nach einem Protokoll in M. A. Bundestag und Friedenshandlung zu Frankfurt, Protokolle Vol. II, wandten sich die Gesandten, wohl am 13. März, mit dem gleichen Ansuchen nur an die Protestanten, wie es Ghogreff in seinem Schreiben an Harst vom 17. März 1539 bestätigt. Ein drittes Vorbringen erwähnt Below, S. 277 A. 3.

[6]) Nur das Schreiben der Protestanten habe ich gefunden, das vom 10. April 1539 zu datieren ist (M. A. Bundestag zu Frankfurt und Verhandlung wegen eines

die bisher nur in engerem Kreise verhandelt worden war, vor die deutschen Stände gekommen. Einmütig hatten diese für Wilhelm Partei ergriffen, für den Kaiser ein Grund mehr, mit diesem, wenn irgend möglich, einen gütlichen Vergleich herbeizuführen.

Sein schroffes Auftreten Harst gegenüber war, wie dieser auch bald erkannte, hauptsächlich darauf berechnet, Wilhelm in Furcht zu setzen und ihn hierdurch zum Verzichte zu bewegen; seine wahren Absichten waren, wie es sich aus seiner Korrespondenz mit seiner Schwester ergiebt, nichts weniger als kriegerisch. Nach wie vor bestand er auf der bedingungslosen Abtretung Gelderns, aber durch Verhandlungen wollte er dies Ziel erreichen und zur Anwendung von Waffengewalt nur im äussersten Notfall schreiten.[1]) Zur friedlichen Verständigung schien sich in der Vermählung Wilhelms mit der Herzogin von Mailand, die der Preis für seinen Verzicht auf die beiden Länder sein sollte, ein geeignetes Mittel zu bieten. Zwar war Karl bereits über den · selben Gegenstand mit dem Herzog Anton von Lothringen in Verhandlungen getreten und hatte ihm für seinen Sohn Franz Aussicht auf ihre Hand gemacht, jedoch den Abschluss derselben hatte er geschickt hinauszuziehen gewusst. Er wollte die letzte Möglichkeit, die eine Versöhnung mit Wilhelm zu verheissen schien, nicht aus der Hand geben, ohne den endgültigen Entschluss desselben hinsichtlich dieses Planes, der in Brüssel nur beiläufig gestreift worden war, erfahren zu haben; Anton konnte er dann noch immer auf andere Weise abfinden.

Die Ausführung seiner Absicht wurde ihm durch seinen Gegner erleichtert, der durch Harst von neuem seine Geneigtheit zu gütlicher Unterhandlung hatte aussprechen lassen.[2]) Er beauftragte daher seine Schwester, sich mit diesem in Verbindung zu setzen. So kam es Anfang Mai 1539 zu einer abermaligen Unterredung in Brüssel zwischen den clevischen und Marias Räten.[3]) Wie im Herbst 1538, so begann man auch diesmal mit weitschwei-

Friedens I.). Sie bieten sich nicht allein als Unterhändler an, sondern bitten Karl sogar, Wilhelm mit Geldern und Zütphen zu belehnen. Vgl. auch Below, S. 276 ff.

[1]) Karl an Maria, 15. Februar 1539. B. A. Papiers Nr. 64.

[2]) Wilhelm an Harst, 10. Dezember 1538. Die Audienz fand am 13. Februar 1539 statt, wie sich aus dem Schreiben Harsts an Wilhelm vom 15. Februar 1539 ergiebt (vgl. oben S. 20, Anm. 4).

[3]) Lacomblet, Archiv V, 31 ff; Below, S. 246.

figen Rechtserörterungen, die ebenso wenig wie damals zu einem Ergebnis führten. Infolgedessen entschloss man sich wieder zu einer Sonderverhandlung, in der man auf den entscheidenden Punkt, die Heirat Wilhelms mit Christine von Mailand, zu sprechen kam. Die clevischen Gesandten erklärten, dass ihr Herr zum Vollzug der Ehe bereit sei unter der Bedingung, dass er Geldern auf Lebenszeit behalten und eine Entscheidung hinsichtlich seines Rechtes seinem Nachfolger vorbehalten bleiben solle. Es war eine Verlegenheitsauskunft, durch welche die Regelung der Streitfrage nur hinausgeschoben wurde. Jedoch da Maria diesen Vorschlag verwarf und auf den einer Erbeinigung zwischen den beiden Häusern nur unter der Voraussetzung der Abtretung Gelderns eingehen wollte, konnte man zu keinem Resultate gelangen. Hiermit schien die letzte Hoffnung auf eine Verständigung zwischen den beiden Parteien geschwunden zu sein. Da Wilhelm gezeigt hatte, dass er die Forderung des Kaisers selbst trotz eines so glänzenden Anerbietens freiwillig zu erfüllen nicht geneigt war, so trat an diesen die Notwendigkeit heran, auf andere Wege und Mittel zur Erreichung seines-Zieles bedacht zu sein. Die geldrische Frage war durch den abermaligen erfolglosen Ausgang der Brüssler Zusammenkunft um ein gutes Stück ihrer Entscheidung durch die Waffen nähergerückt.

Kurz vor dem Schluss der Verhandlungen hatten die burgundischen Räte die Bitte ausgesprochen, dass Wilhelm, da er sich zum Verzichte auf Geldern erboten habe, wenn ihm die Unrechtmässigkeit seiner Ansprüche nachgewiesen würde, einen Landtag der geldrischen Stände berufen solle, denen Maria dann das kaiserliche Recht durch eine Gesandtschaft darlegen lassen würde. Ihrem Wunsche entsprechend berief dieser die Stände nach Zaltbommel auf den 30. Juni 1539.[1]) Dies schnelle Eingehen des Herzogs auf ihr Verlangen bewies ihr, dass er sich seiner Unterthanen sicher glaubte, dass sie sich in ihrer Hoffnung, auf diesem Wege dieselben auf ihre Seite zu ziehen, getäuscht hatte. Daher lag ihr auch an der Sendung ihrer Abgeordneten in dem Umfange, wie sie geplant war, nichts mehr. Leere Ausflüchte mussten dazu herhalten, um ihre plötzliche Sinnesänderung zu verdecken. Nach umständlichen Verhandlungen schickte sie endlich ihren Sekretär Steffen Brant nach Geldern, der die Stände aber nicht mehr in

---

[1]) Lacomblet, Archiv V, 34.

Zaltbommel, sondern in Arnheim antraf.¹) In ihrer Antwort auf seinen Vortrag beriefen sie sich auf den Bericht, den ihnen Wilhelm in Zaltbommel über seine Ansprüche gegeben hatte, und wiederholten ihre dortige Erklärung, dass sie ihren Herrn nicht verlassen würden.²)

---

¹) Credenz bei Nyhof, Arnhem S. 202. Instruktion, ebenfalls vom 30. Juni 1539, in D. A. J.—B. Hgtm Geldern Nr. 14.

²) Die Antwort der Stände ist vom 7. Juli 1539 datiert (D. A. a. a. O.). Der Abschied zu Zaltbommel vom 2. Juli 1539 in D. A. J—B. Manuscripte B. 220.

Drittes Kapitel.

Stellung Wilhelms zu England und den Protestanten. Letzter Versuch einer friedlichen Verständigung mit dem Kaiser.

Wenn so auch dieser Versuch, die geldrischen Stände für sich zu gewinnen, ebenso wie die vorhergehenden, vergeblich gewesen war, so hatte dies nichts für Maria zu bedeuten, falls nur das andere Unternehmen, das sie schon seit längerer Zeit vorbereitet hatte, zu ihren Gunsten ausschlug. Seit dem Frühjahr 1539 war sie dem Plane ernstlich nähergetreten, sich Gelderns durch Verrat zu bemächtigen.[1] Der Ausführung desselben war jedoch ihr Bruder entgegengetreten; ohne das Unternehmen an und für sich zu missbilligen, hatte er ihr geraten, zur Zeit von demselben abzusehen, da er erst den Ausgang der Brüsseler Zusammenkunft hatte abwarten wollen;[2] Maria hatte sich wohl oder übel fügen müssen. Wie wenig sie aber geneigt war, auf dem Boden des Rechtes die Angelegenheit zur Entscheidung kommen zu lassen, bewies sie dadurch, dass sie, anstatt der Bitte von Wilhelms Räten in Brüssel um Belehnung mit den Herrschaften Wynendaele und Breskensand und mehreren Pfandschaften in Flandern und Seeland nachzukommen, dieselben bald darauf besetzen und einziehen liess.[3] Anders wurde es nun, als es ihr gelang, Karl durch die Aussicht auf schnellen Erfolg für ihren Plan zu gewinnen, und dieser, erbittert über die Weigerung Wilhelms für die Hand Christines auf Geldern zu verzichten, und von der Erwägung geleitet, dass, je länger man zögere, das Gelingen immer fraglicher würde, seine Zustimmung zu der Ausführung gab.[4] Die Absicht war, sich der geldrischen Hauptstädte mit Hülfe treuloser

---

[1] Vlatten an Ghogreff, 12. Februar 1539, nebst beigelegter Zeitung. D. A. J.—B. Politische Begebenheiten ad 3½, erwähnt von Below, S. 247 A. 2. Vgl. auch Henne, Charles-Quint VII, 270, A. 4 und Lanz, Correspondenz II, 685.

[2] Karl an Maria. 19. April 1539; als Beilage dazu ein Auszug aus seiner Instruktion für Scepper an Maria von demselben Datum (B. A. Papiers Nr. 69).

[3] Below, S. 340, A. 4 und 377.

[4] Karl an Maria, 6. August 1539 B. A. Papiers Nr. 69.

Unterthanen, die sie durch Geld gewonnen hatte, zu bemächtigen;
vor allem auf Wageningen und Arnheim war es abgesehen.[1]
Jedoch die Wachsamkeit Wilhelms vereitelte den Plan. Die
Haupträdelsführer wurden hingerichtet und den Städten noch
grössere Vorsicht als bisher empfohlen.[2]
Wenn hierdurch auch die Gefahr für Wilhelm glücklich beseitigt war, so hatte er doch gesehen, wie sehr er auf seiner Hut
sein müsse; er musste befürchten, dass seine Gegnerin bei passen-
der Gelegenheit den Versuch erneuern würde. Für die nächsten
Monate hatte er allerdings von ihr nichts zu besorgen, da die in
Gent ausgebrochenen Unruhen ihr keine Zeit für auswärtige Unter-
nehmungen liessen. Dafür schien aber eine weit grössere Gefahr
heraufzuziehen.

Was Maria vor einem Jahre nicht erreicht hatte, erreichte sie
jetzt. Karl, in seinem Besitzstande direkt bedroht, entschloss sich,
ihren flehentlichen Bitten entsprechend, nach den Niederlanden zu
kommen. Für Wilhelm lag hierin eine unmittelbare Bedrohung.
Durch Harst, der noch immer in Spanien weilte, wusste er genau,
dass der Kaiser nach wie vor auf der Abtretung Gelderns bestehe;
die von ihm nachgesuchte Belehnung mit Jülich-Berg, Cleve-Mark
und Ravensberg hatte er ebenso verweigert, wie früher die mit
Geldern und Zütphen, und als Harst die Hoffnung ausgesprochen
hatte, dass sein Herr die beiden Länder werde behalten
können, hatte er voller Zorn sich zu der Erwiderung hinreissen
lassen, dass er sein Möglichstes thun werde, um ihm dieselben zu
entreissen.[3] Hatten bisher diese Drohungen auch an ihrer Wirkung
durch sein Fernbleiben von Deutschland verloren, so schien nun-

---

[1] Ztscht. des Berg. Geschichtsvereins 23, 92: Ghogreff an Harst. 12. September 1539; Auszug aus dem Bekenntnis von Ryemsdick, 4. September 1539.
D. A. C.—M. Verh. zu Geldern ad 48.

[2] van Hasselt, Kronyk von Arnhem. Arnhem 1790), S. 93 f. giebt schon
den Inhalt des betreffenden Schreibens von Wilhelm an die Stadt Arnheim vom
27. September 1539 an; dann findet es sich wieder im Auszuge gedruckt bei
Nyhoff, Arnhem S. 202.

[3] Harst an Ghogreff, 26. Juli 1539; Credenz Wilhelms für Harst an den
Kaiser, 23. August 1539; Harst an Ghogreff, 24. September 1539. Bald nach dieser
letzten Audienz bei dem Kaiser, die am 20. September stattfand, brach er auf.
Am 15. Oktober meldete er Ghogreff, dass er an demselben Tage von Madrid den
Heimweg antreten werde, am 17. November schreibt er aus Paris, am 18. Dezember
treffen wir ihn wieder auf deutscher Erde, in Köln. Dies letzte Schreiben befindet sich im D. A. J.-B. Verhältnisse zu Geldern Nr. 17a.

mehr die Zeit gekommen, wo er dieselben wahr machen würde.
Für Wilhelm war es daher ein Gebot der absoluten Notwendigkeit,
sich nach Bundesgenossen umzuschen, wenn er sich nicht der Gefahr aussetzen wollte, von dem Kaiser bei dem ersten Ansturm
zu Boden geworfen zu werden.

Sehr günstig traf es sich nun für ihn, dass er mit seiner Besorgnis vor der Ankunft des Kaisers nicht allein stand, dass der
grösste Teil der deutschen Fürsten, Katholiken wie Protestanten,
derselben misstrauisch entgegensah. [1] Als er daher jetzt mit
seinem Plane hervortrat, den er schon vor einem Jahre geäussert
hatte und der damals unausführbar erschienen war, der Vereinigung
der deutschen Fürsten in den politischen wie in den religiösen
Fragen, war der Boden für denselben geebnet. So gänzlich hatten
sich in dieser kurzen Zeit die Verhältnisse geändert; die gemeinsame Gefahr führte die Fürsten, die sich noch eben fast feindselig
gegenübergestanden hatten, zusammen An einen katholischen Nachbarn, den Kurfürsten von Trier, wandte sich Wilhelm; [2] hatten

---

[1] Vgl. zum Folgenden Lenz, Bucer I, 392 ff.

[2] Wenn es nach der Werbung des trierschen Kanzlers (vgl. Lenz, Bucer I,
431) auch den Anschein hat, als ob der Plan des Fürstenbundes von dem Kurfürsten von Trier ausgegangen sei, so darf man doch wohl den eigentlichen Urheber desselben in Wilhelm sehen. Allerdings lässt sich diese Annahme, da ich
weder die Werbung Vlattens an den Kurfürsten von Trier noch einen Bericht über
seine Verhandlung mit ihm gefunden habe, nicht direkt beweisen, sondern nur
als wahrscheinlich hinstellen. Abgesehen davon, dass Wilhelm diesen Plan in
seinem Grundrisse schon vor einem Jahre geäussert hatte, so erwähnt er in einem
Schreiben an seinen Schwager vom 15. November 1539 im W. A. Reg. C. pag. 479
Nr. 6a, wie er über diesen Plan, über den er sich ziemlich ausführlich äussert,
mit etlichen nicht von den geringsten Ständen gesprochen habe, die ihn nicht allein
gebilligt, sondern auch zu fördern sich erboten hätten. Unter diesen war wahrscheinlich auch der Pfalzgraf Friedrich, der, wie sich aus demselben Bericht ergiebt, bei seiner Rückkehr aus England mit Wilhelm eine Zusammenkunft in Ham-
bach hatte. Über die Bemühung des Pfalzgrafen in dieser Richtung vgl. Lenz,
Bucer I, 400. Ferner besitzen wir ein eigenhändiges Schreiben von Wilhelm an
Ghogreff vom 3. Dezember 1539, D. A. Guntrumsche Sammlung, in welchem er
eine Unterredung desselben mit dem sächsischen Vicekanzler Burkhardt über denselben Gegenstand berührt, die „am letzten" stattgefunden habe. Aller Wahrscheinlichkeit nach haben wir dieselbe nun in das Ende des Monats Oktober zu setzen,
als Burkhardt mit Dolzig auf der Rückreise von England einen kurzen Aufenthalt
am clevischen Hofe nahm (vgl. Ztschr. des Berg Geschichtsvereins 23, 62). Die
Eröffnung Ghogreffs fand im Auftrage Wilhelms statt, vgl. das angegebene Schreiben
Wilhelms; Burkhardt sollte mit seinem Herrn darüber sprechen. Der Grund, weshalb Wilhelm den Kurfürsten von Trier vorgeschoben hat, ist wohl darin zu suchen,
dass, da er mit Philipp, auf den doch alles ankam, nicht gut stand, sich an diesen

doch gerade die rheinischen Bischöfe allen Grund, das weitere Anwachsen der Lurgundischen Macht nicht zuzulassen, musste ihnen
doch die kürzlich erfolgte Einziehung von Utrecht und Lüttich
drohend vor Augen stehen. Der Kurfürst von Trier, der noch im
Winter des vergangenen Jahres die Teilnahme an den Vermittelungs-
versuchen zwischen Wilhelm und Anton von Lothringen aus Rücksicht auf das burgundische Haus abgelehnt hatte, ging jetzt auf
diesen Gedanken bereitwillig ein. Er trat der Ausführung sofort
einen Schritt näher, indem er seinen Kanzler zu dem Landgrafen
Philipp wegen dieser Angelegenheit sandte.

Wie sehr diese Ideen die deutschen Fürsten beschäftigten, wie
alles auf einen Bund gegen den Kaiser hindrängte, erhellt daraus,
dass Philipp kurz vorher aus sich selbst heraus an die ober-
ländischen Städte Strassburg, Ulm und Augsburg ähnliche Anträge
hatte gelangen lassen. [1]) Um so willkommener musste ihm nun
das triersche Anerbieten sein, aus dem er die Geneigtheit zu einer
Verständigung auch auf katholischer Seite ersah. Noch an demselben Tage berichtete er dem Kurfürsten von Sachsen, dem Herzog
von Würtemberg und den drei süddeutschen Städten seine Unterredung mit dem trierschen Kanzler und suchte sie für diesen Plan
zu gewinnen, [2]) in dessen Mittelpunkt naturgemäss der Bund mit
Wilhelm stehen musste. Zu seinem Eintreten für diesen Fürsten
bewog ihn neben den allgemeinen Erwägungen, die eine Unterwerfung desselben im Interesse des deutschen Fürstenstandes wie
der protestantischen Sache nicht zuliessen, [3]) noch ein ganz
persönliches Moment, das jetzt zum ersten Male für seine
politische Haltung bedeutungsvoll wurde. Der Plan der Doppelehe[4]) gewann in eben diesen Tagen greifbarere Gestalt anzunehmen.
Vor allem kam es für ihn darauf an, die Zustimmung Johann

nicht direkt wenden wollte. Ausserdem konnte es, wenn dieser Plan, an dessen
Gelingen er am meisten interessiert war, von ihm selbst ausging, bei den deutschen
Fürsten, die denselben noch nicht kannten, leicht den Anschein erregen, als ob er
damit vornehmlich selbstsüchtige Absichten verfolge, während dies bei dem Kurfürsten von Trier nicht zu befürchten war.

[1]) Lenz, Bucer I, 403 f.
[2]) Ebenda S. 115, A. 1 und Winckelmann, Strassburg II, 643 ff.
[3]) Vgl. S. 16, A. 2. Philipp schreibt am 16. Juni 1539 an Johann Friedrich, er solle nicht unterlassen, Wilhelm bei Gelegenheit aufzusuchen und ihn
zum Uebertritt zu bewegen suchen (M. A. Sachsen-Ernestinische Linie, Korrespondenz
mit Kurfürst Johann Friedrich I, 14).
[4]) Vgl. Lenz, Bucer I, 327 ff.

Friedrich's zu erlangen; durch Bucer liess er diesem als Gegenleistung die Unterstützung Wilhelm's in der geldrischen Frage zusichern.[1] An diesen waren inzwischen durch Burkhardt im Auftrage seines Schwagers die gleichen Anerbietungen in betreff der
Vereinigung der deutschen Fürsten gebracht worden.[2] Wenn er
auch diesen Vorschlag nicht verwarf, so kam es ihm doch vor
allem auf ein Bündnis seiner Glaubensgenossen mit Wilhelm an.[3]
Daher liess er ihm von neuem durch Dolzig eine Zusammenkunft
anbieten, die er nun schon seit beinahe 2 Jahren vergeblich erstrebt hatte;[4] der Ort derselben sollte Paderborn oder Soest, die
Zeit kurz vor oder nach Weihnachten sein. Jetzt durfte er hoffen,
bei Wilhelm mehr Entgegenkommen zu finden. Eine drohende
Gefahr schien sich so über Karls V. Haupt zusammenzuballen;
der Zusammenschluss der Fürsten musste, wenn er zur Ausführung
kam, seine Macht und Stellung im Reiche erheblich beschränken.

Noch bedrohlicher wurde aber die Lage für den Kaiser dadurch, dass sich infolge der Heirat Heinrichs VIII. von England
mit Anna, der Schwester Wilhelms und Schwägerin Johann Friedrichs, nun auch eine Verbindung der Protestanten mit England
anbahnen zu wollen schien.[5] Durch den Waffenstillstand zu
Nizza und die seitdem erfolgte Annäherung des Kaisers und des
Königs von Frankreich glaubte sich Heinrich nicht weniger bedroht als die Protestanten; die Exkommunikation durch den Papst
zeigte ihm, wie man an der Curie gegen ihn schürte.   Unter

---

[1] Ebenda S. 356.

[2] Vgl. S. 29, A. 2.   Burkhardt und Dolzig waren übrigens auf ihrer Heim-
reise von England bei Philipp, dem ersterer aber wohl nichts von seinem Auftrage
an Johann Friedrich mitgeteilt hat (vgl. Winckelmann, Strassburg II, 635 f. und
Lenz, Bucer I, 407).

[3] Wilhelm an Ghogreff, 3. Dezember 1539 a. a. O.; Lenz, Bucer I, 119,
citiert von Moses, Die Religionsverhandlungen zu Hagenau und Worms 1540 und
1541, S. 8, A. 1.

[4] Instruktion vom 14. November 1539 im W. A. Reg. C. pag. 479 Nr. 6a.
Nach dem Tage zu Braunschweig hatte er durch Kreuz um eine persönliche Zusammenkunft bitten lassen; der festgesetzte Tag in Köln im Dezember 1538 schien
dieselbe unnötig zu machen (vgl. S. 16); da diese aber nicht stattfand, erneute
er im Januar 1539 durch Dolzig (Instruktion für ihn vom 14. Januar 1539, W. A.
Reg. C. pag. 475 Nr. 6) sein Gesuch. Die Absicht Johann Friedrichs, von Frankfurt aus seinen Schwager aufzusuchen, scheiterte gleichfalls (vgl. Calvini Opera X,
2. Abt. S. 330 und Johann Friedrich an Wilhelm, 20. April 1539, im W. A. a. a. O).

[5] Das Genauere siehe in der Zeitschrift des Berg. Geschichtsvereins IV,
337 ff. und VI, 97 ff.

diesen Umständen sah er sich genötigt, bei den deutschen Fürsten
Hülfe zu suchen, und wo konnte er diese besser finden als bei
Wilhelm, der sich mit ihm in der gleichen Lage gegenüber dem
Kaiser befand, der durch einen Einfall in die Niederlande Maria
im Schach halten konnte und durch seine Stellung zu Kursachsen
die schon lange erstrebte Verbindung mit den schmalkaldischen
Fürsten wesentlich zu erleichtern schien. Im Frühjahr 1539 liess
er Wilhelm ein Bündnis und zur Befestigung desselben eine Doppelheirat zwischen beiden Häusern vorschlagen.[1]) Dieser schob aber
eine definitive Antwort auf dies Anerbieten hinaus: erst wollte er
abwarten, ob nicht noch eine Verständigung mit dem Kaiser möglich sei. Als sich diese Hoffnung aber durch das abermalige
Scheitern der Verhandlungen in Brüssel als trügerisch erwiesen
hatte und Heinrich VIII. zum Anschluss drängte, ging er auf
dessen Wunsch, ihm seine Schwester Anna zur Frau zu geben,
ein; die Aussicht auf die Vorteile, welche diese Verbindung ihm
zu verheissen schien, liess ihn alle Gegenvorstellungen des Kurfürsten in den Wind schlagen. Seine Gesandten, mit denen sein
Schwager auf seine Bitten schliesslich seine Räte Dolzig und Burkhardt mitgeschickt hatte, vollzogen in England den Ehevertrag.
Nicht lange darauf liess Heinrich durch Wilhelm dem Kurfürsten
ein Bündnis anbieten, der seinerseits wieder den Landgrafen hiervon benachrichtigte. Die Entscheidung über den Anschluss an
Heinrich und Wilhelm war hiermit in die Hand der Protestanten
gelegt; von ihrem Ausfall hing ihre weitere Stellung zu den beiden
Fürsten ab.

Wie zwischen diesen drei Mächten, so schien auch zwischen
dem König Christian von Dänemark und seinem erbitterten Gegner, dem Pfalzgrafen Friedrich, dem nahen Verwandten des Kaisers, eine Verständigung stattfinden zu sollen.[2]) Nach längeren
Verhandlungen setzten endlich Philipp und Johann Friedrich einen
Tag in Eisenach auf den 3. März 1540 fest, auf welchem die dänische Streitfrage zum Austrage kommen sollte.

Grosse Pläne, weitgehende Entwürfe waren es, mit denen
man sich trug; wären sie zur Ausführung gekommen, die Vereinigung der deutschen Fürsten unter einander, der Bund der Protestanten mit Wilhelm und Heinrich, die Verständigung Christians

---

[1]) Below, S. 278.
[2]) Lenz, Bucer I, 408 ff.

und Friedrichs — das Fortbestehen von Karls Macht im Reiche
wäre in Frage gestellt worden. Dass dies nicht geschah, dass von
all den Projekten kein einziges sich erfüllte, war für den Kaiser
ein Glück, wie er es sich grösser nicht hätte wünschen können.
Der Grund hierfür lag in der zu grossen Verschiedenheit der Interessen, die nur ein gemeinsames Band, die Furcht vor Karl, zu-
sammenhielt. Sowie man der Verwirklichung der Absichten näher
trat, zeigte sich die unüberbrückbare Kluft der Gegensätze; sowie
zum Wohle der Gesamtheit Opfer der Einzelnen gefordert wurden,
stiess man auf allen Seiten auf Widerstand.[1]) Unter diesen
Umständen bedurfte es nur beruhigender Nachrichten über die
friedlichen Absichten des Kaisers, um alles zum Scheitern zu
bringen.

Zunächst zeigte sich dies bei dem geplanten Bunde der Protestanten mit Wilhelm, obwohl für den Anfang alle Aussichten auf
Verwirklichung desselben vorhanden zu sein schienen. Der Landgraf, durch die Erklärung des Kurfürsten[2]) in betreff der Doppelehe zufriedengestellt, trat seiner Zusage gemäss warm für denselben ein; ebenso kam Wilhelm einen Schritt entgegen, indem er
durch Dolzig seine Bereitwilligkeit zu einer Zusammenkunft mit
Johann Friedrich in Paderborn kurz nach Weihnachten aussprechen
liess und am letzten Tage des Jahres 1539 den Tag derselben auf
den 4. Februar festsetzte.[3])

Über Kassel, wo er mit dem Landgrafen zusammentraf, begab
sich der Kurfürst nach Paderborn; Wilhelm traf daselbst, von
Heresbach, Harst und Ghogreff begleitet, ein.[4]) Johann Friedrich
trat nun gleich mit dem Vorschlage hervor, Wilhelm solle das
Evangelium annehmen und auf ihre Seite übertreten.[5]) Von Anfang an hatte er dies Ziel erstrebt; nach dem Tode Johanns hatte er
durch Melanchthon ein Gutachten über die Einführung der Reformation in den Ländern seines Schwagers ausarbeiten lassen;[6])

---

[1]) Lenz, Bucer I. 403.

[2]) Ebenda S. 356 ff.

[3]) Lenz, Bucer I, 408, 410, 413, Johann Friedrich an Wilhelm, 14. Dezember 1539; Wilhelm an Johann Friedrich, 31. Dezember 1539. W. A. Reg. C.
pag. 479 Nr. 6 a.

[4]) Ztschft. des Berg. Geschichtsvereins VI, 126.

[5]) Bericht über den Paderborner Tag in W. A. Reg. C. pag. 486 Nr. 8a
Vol. I.

[6]) Theologische Arbeiten aus dem rheinischen wissenschaftlichen Predigerverein
II, 15 ff.

3

unaufhörlich hatte er in diesem Sinne auf ihn eingewirkt, aber
immer vergebens. Auch jetzt ging es ihm nicht besser; entschieden lehnte Wilhelm dies Verlangen ab. Wie ist dieser beharrliche
Widerstand zu erklären?
Wilhelm war eine religiöse Natur. In seiner Not wandte er
sich an Gott, ihm gab er bei einem Siege die Ehre.[1]) Infolge
des Einflusses seines Erziehers Heresbach, des Freundes von
Erasmus und Melanchthon, war er reformatorischen Ideen nicht
abgeneigt; mit den Protestanten verurteilte er die Missbräuche in
der katholischen Kirche. Ausdrücklich hob er in seiner Erwiderung an Johann Friedrich in Paderborn hervor, dass er gern Gottes
Wort und das Evangelium fördern und alles thun wolle, was zu
christlichem Gottesdienst und rechtschaffenem guten Leben dienen
würde. Und dass dies nicht bloss leere Worte waren, bewies er
bald darauf, indem er in Wesel die Austeilung des Abendmahls
nach protestantischem Ritus zuliess.[2]) Das Schriftstück, das er in
Worms durch seine Gesandten den Ständen überreichen liess, entfernte sich in dem entscheidenden Punkte, der Rechtfertigungs-
lehre, wenig von der protestantischen Auffassung.[3]) Wenn er auch
so für seine Person in der Lehre sich zu den Protestanten neigte,
so war er doch keineswegs gewillt, dieser Gesinnung auch prak-
tisch durch Einführung der Reformation Ausdruck zu geben. In
dieser Frage waren für ihn nicht religiöse, sondern politische Er-

[1]) Below, S. 461. Im D. A. J.-B. Manuscripte B. 220 und C.-M. Verh. zu
Geldern Nr. 47b ein Bittgebet vom 1. Januar 1543 und der Entwurf zu einem
Dankgebete nach dem Siege von Sittard vom 27. März 1543. Über den Erlass
eines Landesgebetes vom 17. März 1543 vgl. Scotti, Sammlung der Gesetze und
Verordnungen u. s. w. 1. Teil, S. 33.
[2]) Wolters, Reformationsgeschichte der Stadt Wesel S. 79 f. und Wolters,
Heresbach S. 96 f.
[3]) Theolog. Arbeiten II, 19 ff. Wie man auf katholischer Seite über Wilhelm
dachte, vgl. Friedensburg, Nuntiaturberichte, IV, 589 f., Krafft, Die gelehrte
Schule zu Düsseldorf im XVI. Jahrhundert S. 19, citiert von Nettesheim, Geschichte der Schulen im alten Herzogtum Geldern S. 225 und Dittrich, Nuntiaturberichte Giovanni Morones vom deutschen Königshofe 1539, 1540 S. 51. Die letzte
Nachricht lässt ihn sogar schon aus Politik zu den Protestanten übergetreten sein,
ein Gerücht, das 1539 in Frankreich (vgl. Below, S. 277) und auch am Hofe des
Kaisers verbreitet war (vgl. Harsts Brief an Ghogreff vom 26. Juli 1539). Über
die religiöse Stellung Wilhelms vgl. unter der neueren Litteratur vor allem Wolters,
Heresbach S. 96, Wolters, Wesel S. 77, Eunen, Geschichte der Reformation im
Bereiche der alten Erzdiözese Köln S. 93 ff., Koch, die Reformation im Herzogtum
Jülich, I, 13 f., Keller, Gegenreformation, I, 7 f. und Lehmann, Preussen und
die katholische Kirche seit 1640, I, 23 ff.

wägungen massgebend;[1]) seine Räte, unter deren Einfluss er auch in dieser Beziehung stand[2]), wirkten in demselben Sinne auf ihn ein.

Einmal war es die Rücksicht auf sein Land, welche ihn den Vorschlag des Kurfürsten ablehnen liess. Wenn es auch nicht möglich gewesen war, das Eindringen der neuen Lehre ganz zu verhindern, so war der Kern des Volkes doch noch katholisch, sodass Wilhelm auf die Zustimmung der Stände zur Einführung der Reformation nicht rechnen durfte, und ohne diese konnte und wollte er nicht handeln. Ausserdem hatte er sich im Ninweger Vertrage gegenüber der geldrischen Landschaft ausdrücklich verpflichten müssen, die neue Lehre in Geldern und Zütphen nicht zu dulden; machte er jetzt den Versuch, sie einzuführen, so hatte er Unruhe und Empörung im eigenen Lande zu besorgen. Hierzu kam nun noch für ihn als letzter, entscheidender Grund die politische Stellung, wie sie die Lage am Niederrhein mit sich brachte. Von allen Seiten sah er sich von katholischen Mächten umgeben, auf der einen die Bischöfe, auf der anderen Maria. Musste er nicht befürchten, sich durch seinen Übertritt die Freundschaft der ersteren, die für ihn von grossem Wert war, zu verscherzen; forderte er den Kaiser nicht direkt zum Kriege gegen sich heraus? Für Wilhelm war es daher ein Gebot der politischen Klugheit, geschickt zwischen beiden Parteien zu lavieren, die Katholiken sich nicht durch seinen offenen Übertritt zu entfremden, die Protestanten durch Entgegenkommen in einigen Punkten für sich zu gewinnen, ohne doch die rechtliche Grundlage, auf die er sich bisher immer gestellt hatte, aufzugeben.

[1]) Er giebt sie selbst in seiner Erwiderung an den Kurfürsten an.
[2]) Johann Friedrich macht vor allem die Räte für die Nicht-Einführung der Reformation verantwortlich (Johann Friedrich an Melanchthon, 20. Juni und 8. Juli 1543, W. A. Reg. C. pag. 521 Nr. 31). Melanchthon hält in seinem Schreiben an Johann Friedrich vom 6. Juni 1543 (W. A. a. a. O.) mit seinem Misstrauen über Ghogreff nicht zurück; er spreche so, als ob er zur Förderung der neuen Lehre geneigt sei, seine Reden seien aber ungleich. In seinem Gutachten in den Theol. Arb. II, S. 15 ff. spricht er von den Gelehrten, welche die rechte Reformation mehr hindern würden als die strengen Katholiken, und welche die Missbräuche abschaffen, aber die Messe und die Ceremonien beibehalten wollten, sodass das ganze papistische Wesen bleibe; einige seien auch unter ihnen, welche alles ruhig gehen lassen wollten. Der strenge Katholizismus fand am clevischen Hofe eine Stütze in Wilhelms Mutter Maria (vgl. Dittrich, Morone S. 51 und das oben erwähnte Gutachten Melanchthons S. 15).

Von diesem Standpunkte aus war auch der andere Vorschlag
des Kurfürsten für ihn unannehmbar: er solle mit seinen Glaubensgenossen ein Bündnis schliessen, und diese für ihn im Falle eines
Kampfes wegen Gelderns mit den Waffen eintreten, während er
ihnen bei einem Religionskriege zu Hülfe kommen solle. Hiergegen liess er durch seine Räte einen Entwurf überreichen, der die
Hauptidee, welche er verfolgte, rechtliche Sicherung Gelderns gegen
den Kaiser, deutlich verriet: in diesem wurde auf Grund des
Landfriedens demjenigen Schutz zugesagt, welcher gegen sein Er-
bieten zu rechtlicher Entscheidung feindlich überzogen werden
sollte. Einen Erfolg hatte nun Johann Friedrich wenigstens inso-
weit zu verzeichnen, als sein Schwager sich bereit erklärte, auch
die Religionssache namentlich mit in das Bündnis aufzunehmen,
und einen entsprechenden Zusatz vorlegen liess.[1] So war man
schliesslich doch zu einer Einigung gekommen; es war durch beider-
seitiges Entgegenkommen gelungen, in der rechtlichen Basis, welche
der Forderung Wilhelms entsprechend zu Grunde gelegt worden
war, eine Form zu finden, durch welche die Interessen beider
Parteien, soweit dies bei ihrer Verschiedenheit überhaupt möglich
war, gewahrt wurden.

Mit diesem Compromiss war der schwerste Teil der Arbeit
gethan. Denn inbetreff der Leistung der vertragsmässigen Hülfe
brauchte der Kurfürst bloss die Vorschläge Philipps zu Grunde
zu legen.[2] So kam es zu einem Bündnisentwurf zwischen dem
schmalkaldischen Bunde und Wilhelm, laut dessen im Falle eines
feindlichen Angriffs der Herzog den Protestanten 1000 Reiter und
2000 Knechte, diese ihm 2000 Reiter und 10000 Knechte zu Hülfe
zu schicken versprachen; in einem besonderen Artikel verpflichtete
sich Johann Friedrich noch, seine Glaubensgenossen womöglich
zur Stellung von 12000 Knechten zu bewegen.[3]

Während das Bündnis allein die kriegerische Lösung der geldrischen Frage ins Auge fasste, liess man doch auch eine fried-

[1] Laut dieses Zusatzes, der von den clevischen Räten am 8. Februar übergeben wurde, sollte jeder, der sich in äusserlichen Sachen zu gebürlichem Recht
und in der christlichen Religions- und Glaubenssache zu einem freien, generalen,
unparteiischen Conzil in deutscher Nation erbiete und darüber von jemandem, wer
es auch immer sein möge, mit Gewalt überzogen werde, von dem andern Hülfe
erhalten. In dieser verbesserten Form wurde die clevische Vorlage in den Vertragsentwurf aufgenommen.

[2] Lenz, Bucer I, 411.

[3] Lenz, Bucer I, 413.

liche Beilegung nicht ausser Acht. Die 6 Kurfürsten sollten, woran auch schon der Landgraf gedacht hatte, zusammen mit König Ferdinand bei dem Kaiser eine Fürbitte für den Herzog einlegen.[1]) Die Gesandtschaft sollte von dem beabsichtigten grossen Fürstentage, der in Paderborn ebenfalls Gegenstand der Beratung war, an Karl abgehen.

In Kassel, wohin sich der Kurfürst von Paderborn aus begab, trat Philipp dem Bündnisentwurfe unter der Bedingung bei, dass noch andere Fürsten sich anschlössen.[2]) Diese mussten sie nun für den Plan zu gewinnen suchen An die Herzöge von Würtemberg und Pommern schickten sie eine gemeinsame Gesandtschaft, mit Herzog Heinrich von Sachsen versprach der Kurfürst zu unterhandeln. Der Bescheid der Fürsten liess nicht lange auf sich warten. Überall war er der gleiche. Herzog Ulrich stellte sich auf den Standpunkt, den er bereits im Januar auf eine Anfrage Philipps wegen eines Bundes mit Wilhelm eingenommen hatte. Ohne die Wichtigkeit der geldrischen Frage zu verkennen, lehnte er doch den Beitritt ab.[3]) In der Antwort, welche die pommerschen Herzöge gaben, finden sich dieselben schönen Eingangsphrasen, wie in der Ulrichs; sie verschliessen sich keineswegs der Erkenntnis, dass der schmalkaldische Bund in seinem eigenen Interesse die Unterwerfung Wilhelms nicht zulassen dürfe, jedoch zu dem gewünschten Anschluss vermögen sie sich ebensowenig zu entschliessen.[4]) Noch schroffer lautete der Bescheid Herzog Heinrichs. Er hielt mit seiner Ansicht nicht zurück, dass man den schmalkaldischen Bund zu weltlichen Zwecken benutzen wolle; dies zu unterstützen sei er aber nicht im mindesten geneigt.[5])

---

[1]) Lenz, Bucer 1, 412 f.

[2]) Lenz, Bucer 1, 415 f.

[3]) Lenz, Bucer 1, 412. Die Antwort Ulrich's an Philipp vom 22. Januar 1540 befindet sich im M. A. Würtemberg 1538—40.

[4]) Die schriftliche Antwort der Herzöge vom 19. März 1540 befindet sich im M. A. Pommern 1523—1637. Ebenda auch die mündliche Antwort des Kanzlers auf die Werbung der Gesandten vom 18. März 1540.

[5]) Die Instruktion Johann Friedrichs für seine Gesandten vom 3. März sowie deren Relation vom 11. März im W. A. Reg. A. fol. 220 a Nr. 331 Vol. 2. Laut gütiger Mitteilung des Herrn Dr. Brandenburg befindet sich im Dresdener Archiv loc. 8175 Erbhuldigung nach Herzog Georgens Tod 1539 —41 die Werbung der Gesandten, die Antwort Heinrichs, Replik der Gesandten und Duplik Heinrichs vom 8. März 1540. Ob noch mehr Anfragen an andere Fürsten erfolgt sind, vermag ich nicht zu sagen, ist aber kaum anzunehmen.

Diese Antwort, die Philipp und Johann Friedrich von den
drei mächtigsten protestantischen Fürsten erhielten, entsprach vollkommen der Haltung der übrigen Stände, die Anfang März in
Schmalkalden versammelt waren. Auch hier war die geldrische
Frage zur Beratung gekommen. Die Veranlassung hatte ein
Schreiben Wilhelms an seinen Schwager gegeben, in welchem er
vor den Umtrieben des päpstlichen Legaten warnte, welcher den
König von Frankreich zum Kriege gegen ihn und die Protestanten
zusammen mit dem Kaiser und dem Papste antreibe.[1]) Da Planitz,
der am kaiserlichen Hofe war, ebenfalls von grossen Rüstungen
Karls zu demselben Zwecke meldete, so brachten der Kurfürst und
der Landgraf die Angelegenheit vor die Stände in Schmalkalden.[2])
An den gesamten Bund war hiermit die Frage herangetreten, wie
er sich zu Wilhelm und zu einem Bündnisse mit ihm, das als die
natürlichste Massregel gegen die Pläne des Kaisers erscheinen
musste, stellen würde. Der Ausfall der Beratung konnte kaum zweifelhaft sein. Bereits im Jahre 1539 hatte der Rat von Strassburg auf eine Anfrage Johann Friedrichs in Frankfurt einen Bund
mit Wilhelm von dessen Übertritt abhängig gemacht,[3]) und in
dieser ablehnenden Haltung hatte er sich in der Folgezeit nur
bestärkt; ebenso wenig war, wie es sich schon im Winter gezeigt
hatte, auf Ulm und Herzog Ulrich zu rechnen [4])

Unter diesen Umständen kann die Antwort, welche die Stände
in Schmalkalden erteilten, nicht wunderbar erscheinen Wie die
Fürsten, so erkannten auch sie die Bedeutung der geldrischen
Frage an und hielten eine Vermittelung der Kurfürsten und Fürsten
für dienlich.[5]) Wollten sie aber hierbei schon von einem Eintreten

---

[1]) Wilhelm an Johann Friedrich, 20. Februar 1540. W. A. Reg. C. pag.
486 Nr. 8a Vol. 1. Planitz an Johann Friedrich, 13. Februar 1540. M. A. Sachsen,
Ernestinische Linie, Briefwechsel mit dem Kurfürsten Johann Friedrich von
Sachsen I, 16a.

[2]) Ebenda ein Schreiben Johann Friedrichs an Philipp, 6. März 1540. Philipp
an die Räte zu Schmalkalden, 3. März 1540. M. A. Bundestag zu Schmalkalden.

[3]) Winckelmann, Strassburg II, 549 und 553 ff. Von welcher Bedeutung
ihnen damals die geldrische Frage erschien, erhellt aus dem Vorschlag, dass der
schmalkaldische Bund auch auf zeitliche Sachen ausgedehnt werden solle, um
Wilhelm aufnehmen zu können.

[4]) Lenz, Bucer I, 405 und 412. Vgl. auch oben S. 37 und Winckelmann,
Strassburg II, 641 f.

[5]) Nach einem Protokoll im M. A. Bundestag. In Schmalkalden wurde
diese Angelegenheit ausführlich am 6. März und am 8. noch einmal kurz behandelt.
Am 8. März 1540 schicken Philipps Räte ihm das Bedenken der Stimmstände auf

des gesamten schmalkaldischen Bundes nichts wissen, so waren sie
noch viel weniger zu einer Unterstützung des Herzogs im Falle
eines Krieges geneigt. Hiermit war der Plan eines Bundes mit
Wilhelm endgültig gescheitert, nicht wie im Jahre 1538 infolge
des Widerstandes des clevischen Herzogs, sondern der ablehnenden
Haltung der Protestanten. Das Princip des schmalkaldischen
Bundes, auf das er gegründet war und das eine Verbindung mit
Andersgläubigen ausschloss, war aufs neue befestigt worden. Für
Wilhelm war seine Politik den Protestanten gegenüber von nun
an klar vorgezeichnet; er hatte gesehen, dass er auf ihre Hülfe
höchstens dann rechnen konnte, wenn er ihre Religion annahm,
und dieser Preis war ihm zu hoch.

Noch in einer anderen Beziehung war der Tag zu Schmalkalden für beide Teile von Wichtigkeit. Auf ihm kam auch die englische
und die dänische Angelegenheit zur Sprache. Auf das Anerbieten Heinrichs VIII. zu einem Bündnis war in Arnstadt im
Dezember 1539 der Beschluss gefasst worden, eine Gesandtschaft
nach England zu schicken, die aber nur Erkundigungen über die
Lage der evangelischen Religion einziehen sollte, von deren Ausfall man die Entscheidung abhängig machte.[1]) Burkhardt und
Dolzig erhielten diesen Auftrag. Was Heinrich VIII. so dringend
wünschte, einen möglichst schnellen Abschluss des Bündnisses,
darauf gingen die Protestanten nicht ein. Auch Baumbach, den
der Landgraf für sich allein nach England schickte, hatte keinen
Auftrag dazu.[2])

Kann man es dem König verdenken, dass er missmutig
wurde und, zumal da die Nachrichten über die Absichten des
Kaisers friedlicher lauteten, das Interesse an diesen Verhandlungen
verlor? In Schmalkalden kam nun der Gegensatz zwischen der
englischen und der protestantischen Politik zum offenen Ausdruck.[3])
Es wurde beschlossen, dass einem Bündnis erst die Religionsver-
gleichung vorangehen müsse; da Heinrich diese Forderung zu erfüllen nicht geneigt war, so bedeutete dieser Bescheid für ihn die

die Zeitungen von Planitz und Wilhelm. Inbetreff der Warnungen beschloss man,
nur gute Kundschaft auszulegen, da man sie für übertrieben hielt. Vgl. über den
Tag zu Schmalkalden auch Dittrich, Morone S. 90, citiert von Below, S. 290, A. 2
    [1]) Winckelmann, Strassburg II, 646.
    [2]) Lenz, Bucer I, 409 f. und 420 f.
    [3]) Vgl. den Artikel von Stern in den Forschungen zur deutschen Geschichte
X, 491 ff.

Ablehnung seines Vorschlages. Hierdurch hatte auch die fernere Verbindung mit Wilhelm, die ihm doch vor allem das Mittel zu der mit den Protestanten hatte sein sollen, für ihn an Bedeutung verloren Schon im Sommer erfolgte der Bruch. Cromwell, der Vertreter der protestantischen Politik am englischen Hofe, wurde gestürzt, die Ehe Heinrichs mit Anna von Cleve gelöst.

Ebenso wenig verwirklichte sich die Hoffnung auf eine Verständigung zwischen Christian III. von Dänemark und Pfalzgraf Friedrich. Der Tag in Eisenach kam nicht zu stande, die Verhandlungen in Schmalkalden, die noch weiter bis in den Sommer fortgesetzt wurden, führten zu keinem Resultat.[1])

Nicht besser erging es der geplanten religiösen Vereinigung der deutschen Fürsten und der damit in Verbindung stehenden Versammlung, von der die Gesandtschaft an den Kaiser für Wilhelm abgeschickt werden sollte.[2]) Das schliessliche Ergebnis war eine Zusammenkunft der Räte der drei rheinischen Kurfürsten von Köln, Trier und Pfalz am 10. März in Gelnhausen, die zu der gewünschten Fürbitte um so weniger geneigt waren, als dieselbe durch das Entgegenkommen König Ferdinands als unnötig erschien.

Noch von Paderborn aus hatte Johann Friedrich diese drei Kurfürsten schriftlich ersucht, Ferdinand zur Vermittelung bei dem Kaiser zu bewegen und dann gemeinsam ihre Gesandten zu dem letzteren zu schicken, eine Bitte, die Wilhelm wiederholt und bei dem Kurfürsten von der Pfalz noch durch den Grafen von Nassau hatte mündlich ausrichten lassen.[3]) Es traf sich nun günstig, dass der König auf seiner Reise zu seinem Bruder bei Kurfürst Ludwig in Heidelberg Aufenthalt nahm.[4]) Dieser konnte infolgedessen bei Ferdinand[5]) sein Gesuch persönlich vorbringen. Dem

---

[1]) Lenz, Bucer I, 417 f.

[2]) Ebenda S. 416 f.

[3]) Lenz, Bucer I, 413. Johann Friedrich an die 3 Kurfürsten. 10. Februar 1540. M. A. Sachsen, Ernestinische Linie, Correspondenz mit Kursachsen I, 11.

[4]) Ludwig von der Pfalz an Johann Friedrich, 28. Februar 1540. W. A. Reg. C. pag. 486 Nr. 8 a Vol. I.

[5]) Ausser Harst hatte ihn auch noch im Auftrage Wilhelms im Winter 1538 Mutzhagen aufgesucht (vgl. Lacomblet, Archiv V, 30); der Zweck dieser Sendung war die Bitte um Belehnung mit Geldern und Zütphen durch Ferdinand an Stelle des Kaisers. Ueber die von Below, S. 245 f., A. 8 erwähnte Gesandtschaft vermag ich nichts zu sagen. Nach Dittrich, Morone S. 83 sprach man schon im Januar 1540 am Hofe Ferdinands von der bevorstehenden Verständigung mit Wilhelm.

letzteren musste eine friedliche Beilegung der Streitfrage nur lieb sein; denn sie ersparte seinem Bruder neue Wirren in Deutschland und ermöglichte es demselben, seine Streitkräfte für den dringend notwendig gewordenen neuen Feldzug gegen die Türken zu verwenden. Ferdinand erklärte sich bereit, bei Karl sein Möglichstes zu thun unter der Bedingung, dass Wilhelm sich vor demselben demütige und alles, was billig sei, zu thun verspreche — wohlberechnete Worte, die mit ihrer Unbestimmtheit ihn zu nichts verpflichteten. Denselben Bescheid erhielt der sächsische Gesandte Asmus von Könneritz, den der Kurfürst an Ferdinands Rat Hans Hofmann geschickt hatte, damit dieser seinen Einfluss bei seinem Herrn für Wilhelm geltend mache.[1]) Der König versprach, die Vermittelung übernehmen zu wollen, und knüpfte die Hoffnung daran, dass der Kaiser dieselbe nicht zurückweisen werde.

Mit diesem zuversichtlichen Bescheide stimmte aber die Haltung Karls in der letzten Zeit nicht recht überein Von den Boten Wilhelms, welche dieser an die niederländischen Städte geschickt hatte, um ihnen sein Recht darzulegen und sie um Vermittelung zu ersuchen, war ein Teil auf seinen Befehl gefangen gesetzt und erst nach kurzer Haft entlassen worden, und dem clevischen Gesandten, Dr. Boru, den Wilhelm nach Gent zu ihm geschickt hatte, mit der Bitte, Zeit und Ort zu bestimmen, wo er persönlich die Belehnung mit seinen Ländern empfangen könne, hatte er nach längerem Hinhalten eine völlig abweisende Antwort erteilt.[2])

Wie anders lautete der Bescheid Ferdinands, dem Born die Absicht seines Herrn mitgeteilt hatte, Gesandte nach Gent zu schicken, welche seine Ansprüche näher begründen sollten. Der König teilte Wilhelm mit, dass er dieselben gern empfangen und die Vermittelung übernehmen wolle, knüpfte aber die Bedingung der Sequestration von Geldern und Zütphen durch den Kaiser

[1]) Instruktion Johann Friedrichs, 18. Februar 1540; Könneritz an Johann Friedrich, 9. März 1540. W. A. a. a. O. Hofmann an Johann Friedrich, 11. März 1540 mit der Beilage eines Schreibens von Könneritz. W. A. Reg. C. pag. 486 Nr. 8a Vol. 2.

[2]) Ausschreiben Wilhelms, undatiert, als Beilage zu einem Schreiben Johann Friedrichs an Philipp vom 1. März 1540. M. A. Sachsen. Ernestinische Linie, Briefwechsel mit dem Kurfürsten I, 16a. Wilhelm an Johann Friedrich, 13. und 19. März 1540. W. A. Reg. C. pag. 486 Nr. 8a Vol. 2. Below, S. 289, A. 1 und 317. Venetianische Depeschen I, 395; Dittrich, Morone S. 91; Ribier, Lettres et Memoires d' Estat I, 498, dann gedruckt bei Gachard, Relation des troubles de Gand sous Charles-Quint S. 339.]

daran, da dieser sonst auf keine Unterhandlung eingehen wolle.
Umgehend schickte der Herzog seinen Sekretär Johann von Essen
an Ferdinand mit der Erklärung, dass er zum Verhör geneigt sei
und um Geleit für seine Räte, die er zu dem Zwecke schicken
wolle, bitten lasse.[1]) Über den wichtigsten Punkt, die Sequestration, ging er mit der Bemerkung hinweg, dass er ihn und den
Kaiser von der Unrechtmässigkeit dieser Forderung zu überzeugen
hoffe.

Inzwischen hatte Wilhelm am Kaiserhofe noch einen Vermittler
gefunden, den Herzog Heinrich von Braunschweig. Schon im
Sommer 1539, als er bei Karl in Spanien war, hatte er für
ihn ein gutes Wort eingelegt.[2]) Sein eigenstes Interesse trieb ihn
hierzu an. Die Gefahr lag nahe, dass Wilhelm, wenn er keine
andere Rettung sah, zu den Protestanten, den schärfsten Gegnern
Heinrichs, übertrat; gelang es ihm dagegen, diesen mit dem Kaiser
zu versöhnen, so war der katholischen Sache wie ihm in gleichem
Masse gedient. Als geeignetes Mittel zur Verständigung erschien
noch immer die Hand der Herzogin von Mailand, da mit dem
Herzog von Lothringen noch keine feste Vereinbarung getroffen
worden war. Heinrich wandte sich daher an Ferdinand und teilte
ihm seine Absicht mit, Wilhelm persönlich aufsuchen zu wollen.[4])
Gern ging dieser darauf ein und gab ihm den mündlichen Auftrag
mit, den Herzog zu bewegen, sich persönlich zum Kaiser zu begeben; dieser bestehe zwar auf der Sequestration, er hoffe aber
Mittel und Wege zur definitiven Verständigung zu finden. Waren
dies auch nur leere Versprechungen, so beschloss Wilhelm doch,
von Herzog Heinrich gedrängt, der Aufforderung Folge zu leisten;
alle Bedenken traten hinter der Hoffnung, mit dem Kaiser eine
endgültige Vereinbarung zu treffen, zurück.

---

[1]) Ferdinand an Wilhelm, 12. März 1540; Instruktion Wilhelms für Johann
von Essen, undatiert, wohl vom 19. März 1540, da dieselbe ebenso wie das Schreiben
Ferdinands dem Briefe Wilhelms an Johann Friedrich vom 19. März (vgl. oben S.
41, A. 2) beigelegt ist und dieser schreibt, dass er seinen Sekretär „anstund" ab-
fertigen wolle.

[2]) Harst an Ghogreff, 13. Juni 1539.

[3]) Vgl. die Bemerkung Calvins in Calvini Opera, XI, S. 39.

[4]) Ferdinand an Wilhelm, 2. April 1540, citiert von Ruble, Le mariage de
Jeanne d'Albret S. 57, A. 1. Wilhelm an Johann Friedrich, 9. April 1540. W.
A. a. a. O. Venetianische Depeschen, I. 417. Im D. A. J.-B. Geldersche Sache
Nr. 13 eine Erklärung des Herzogs von Braunschweig vom 7. April 1540, dass
Ferdinand mit Bewilligung des Kaisers für Wilhelm und für seine Begleiter freies
Geleit zugestanden habe.

In tiefstem Geheimniss fand der Aufbruch statt; selbst seine Mutter wusste nichts von seiner Absicht.[1] Glücklich kam er am 13 April in Gent an. Karl, der eine Verständigung jetzt umsomehr wünschen musste, als sich sein Verhältniss zu Franz I. wieder verschlechtert hatte, empfing ihn freundlich und verstand sich sogar dazu, von der Forderung der Sequestration abzustehen. In seinem Auftrage führte Ferdinand die Unterhandlung.[2]

Wie in Brüssel, so begann man auch hier mit umständlichen rechtlichen Erörterungen, die sich bis zum 25. April hinzogen, wo Ferdinand, der ergebnislosen Bemühungen überdrüssig, an Wilhelm die definitive Frage stellen liess, ob er auf Geldern verzichten wolle oder nicht.

Damit war man wieder auf den Punkt gelangt, an dem sich die Verhandlungen bisher immer zerschlagen hatten. Wilhelm erklärte, ohne den Rat seiner Mutter und seiner Landschaft keinen Bescheid geben zu können. An diesem Resultate vermochte auch der Vorschlag Herzog Heinrichs von Braunschweig, der auf eine Verständigung mittels der Hand der Herzogin von Mailand zielte, nichts zu ändern. Wilhelm blieb bei seiner ersten Antwort. Ohne etwas erreicht zu haben, musste er den Rückweg antreten, auf dem er gleich die Stände zu den Landtagen berief; am 13 Mai langte er wohlbehalten bei seiner Mutter wieder an. Wie es vorauszusehen war, lehnte diese ebenso wie die Landschaft die kaiser-

---

[1] Below, S. 326 f. Als die Bürger von Nimwegen von dem Zwecke der Reise hörten, schrieen sie Verrat, dass man ihren frommen, jungen Herrn in die Hände seiner Missgönner geliefert habe, und sprachen die Absicht aus, Wilhelm, der eben erst aufgebrochen war, nachzuziehen und ihn zu bitten, von seinem Vorhaben abzustehen. Gesteigert wurde ihre Aufregung noch durch die Nachricht, dass Wilhelm unterwegs gefangen genommen worden sei. Erst dem Zureden der Räte gelang es, sie zu beruhigen (Vlatten an Ghogreff, 10. April 1540. D. A. Zeitereignisse Nr. 3½).

[2] Über den Genter Tag vgl. an gedruckter Litteratur vor allem Lacomblet, Archiv V. 35 f., Zeitschrift des Berg. Geschichtsvereins VI. 129 f., Below, S. 289, Kuhle. Jeanne d' Albret S. 57; ferner Venetianische Depeschen I, 422 ff., Gachard, Relation des troubles de Gand S. 69 f. und 681 und Dittrich, Morone 111 ff. Von Akten kommen in Betracht ein ausführlicher Bericht im D. A. J.-B. Hgtm. Geldern Nr. 18, dessen einer Teil bei Below, S. 327 ff., gedruckt ist. zwei Schreiben Wilhelms an Johann Friedrich vom 17. April und 15. Mai 1540 im W. A. Reg. C. pag. 486 Nr. 8a Vol. 2 und Nr. 8b, und ein Schreiben der Räte Wilhelms in Gent an die Räte zu Arnheim vom 17. April [1540] im Arnheimer Archiv (vgl. Nyhoff, Arnhem S. 205).

liche Forderung ab.[1]) Durch seine Gesandten liess Wilhelm Ferdi-
uaud hiervon in Hagenau benachrichtigen.[2])

Die Genter Unterhandlung schliesst die lange Reihe der Vermittelungsversuche. Klar hatte es sich jetzt gezeigt, dass, da
selbst die persönliche Zusammenkunft die Gegensätze nicht hatte
überwinden können, an eine gütliche Beilegung der Streitfrage
nicht mehr zu denken sei. Die letzte Hoffnung, die sich für Wilhelm
an den Paderborner Tag knüpfte, war hiermit gescheitert. Von
neuem trat an ihn die Frage heran, bei welcher Macht er die
Hülfe, welche ihm die Protestanten verweigert hatten und auf die
er bei Heinrich VIII. nicht mehr rechnen konnte, die aber für ihn
jetzt nothwendiger als je erschien, suchen solle. In dieser Lage
liess ihm der König von Frankreich ein Bündnis anbieten.

---

[1]) Below, S. 330 ff.
[2]) Die sächsischen Räte in Nürnberg an ihren Herrn, Beilage zu dem Schreiben
Johann Friedrichs an Philipp, 31. März 1543. M. A. Jülich, Krieg um Geldern.
Briefwechsel mit Kursachsen.

Viertes Kapitel.

Wilhelms Bund mit König Franz I. von Frankreich. Verhandlungen in Regensburg.

Durch den Nimweger Vertrag vom Januar 1538 war Franz I.
um seine so sicher erhoffte Beute gebracht worden. So lange nun
der Kampf zwischen ihm und Karl V. währte, hatte Wilhelm von
französischer Seite nichts zu befürchten, ja Franz versuchte sogar,
ihn zu sich herüberzuziehen, indem er ihm ein Bündnis und
eine seiner Töchter zur Ehe anbieten liess.[1]) Wilhelm war auch
nicht abgeneigt, auf diesen Vorschlag einzugehen, jedoch der
Waffenstillstand zu Nizza vereitelte die Ausführung und zeigte ihm
deutlich die Unzuverlässigkeit des französischen Königs. Anstatt
eines Bundes mit ihm trat er jetzt ein Abkommen mit dem Kaiser,
durch das er sich verpflichtete, ihm bei einem etwaigen
Kriege um Geldern kein Hindernis in den Weg zu legen.[2]) Das
Interesse Wilhelms gebot es aber, mit dem König, soweit es auf
ihn ankam, ein leidliches Verhältnis zu bewahren. Daher sandte
er seinen Rat Hermann Cruser[3]) an den französischen Hof, der
schon unter Karl von Geldern in Frankreich diplomatisch thätig
gewesen war und durch dessen Hand fortan der Verkehr der
beiden Höfe ging; er erhielt den Auftrag, genauere Erkundigungen
über die Verhandlungen in Nizza und die Verpflichtungen, welche

[1]) Below, S. 272 f.

[2]) Du Mont, Corps universel diplomatique du droit des gens IV, 2. Abt. S.
170 f., dann gedruckt bei Lacomblet, Urkundenbuch IV. 668. In der von Ribier,
Lettres et Memoires d'Estat I, 197 erwähnten Zusammenkunft von Franz I.
und Maria, die nach Gachard, Rapport sur les archives de Lille S. 260, A. 1 im
Oktober 1538 stattfand, wurde die geldrische Frage nicht speziell behandelt, wie
sich aus dem Berichte im Br. A. Correspondance de France 1536—1541, fol. 142
ergiebt.

[3]) Below, S. 272 f. Wer der „maire de Hesse" ist, für den im D. A. J.-B.
Hgtm. Geldern Nr. 15 eine Kredenz Franz I. vom 6. November 1538 sich befindet,
vermag ich nicht zu sagen; schon Lacomblet, Archiv V, 37 erwähnt diese Gesandtschaft.

Franz dort in der geldrischen Angelegenheit eingegangen sein
solle, einzuziehen. Gestützt auf den Wortlaut des Vertrages, konnte
er Cruser versichern, dass er gegen den Herzog nichts Feind-
liches unternehmen werde.[1]) Aber entsprach schon diese Erklärung
nicht dem wirklichen Thatbestande, da ja seine Neutralität im
Falle eines Krieges Wilhelm nicht viel weniger schaden musste,
als ein offenes Vorgehen gegen ihn, so erhellt die Doppelzüngig-
keit seiner Politik aus seinem Versprechen, das er bald darauf
Karl gab, ihm gegen alle feindlichen Angriffe, von welcher Seite
sie auch kommen würden, Beistand zu leisten.[2]) Bis zum Winter
des Jahres 1539 blieb das Verhältnis des Königs zu Wilhelm ein
ganz gutes; er bemühte sich sogar, den Bitten desselben entsprechend, eine Verständigung mit dem Herzog von Lothringen
herbeizuführen. Infolge der Reise Karls aber durch Frankreich
und die damit verbundene Annäherung der beiden Fürsten schien
für Wilhelm eine ernste Gefahr heraufziehen zu wollen. Jedoch
schon am 17. Februar 1540 meldete Cruser, dass der König an
der Ehrlichkeit der Absichten des Kaisers zu zweifeln beginne,
und einen Monat später schrieb er, dass Wilhelm von Franz vorteilhafte Bedingungen zu einem Vertrage erhalten könne, da dieser
auf den Kaiser infolge der Weigerung, ihm Mailand zurückzugeben,
heftig erzürnt sei.[3]) Der Herzog war aber zur Zeit nicht geneigt,
auf diesen Vorschlag einzugehen, da die Verhandlungen mit Ferdinand ihm Aussicht auf eine Versöhnung mit Karl zu bieten schienen. Das Scheitern derselben veränderte die Sachlage vollkommen zu Gunsten des Königs. Die Protestanten hatten sich Wilhelm
versagt, auf Heinrich VIII. konnte er ebenso wenig rechnen, eine
gütliche Verständigung mit dem Kaiser hatte sich eben wieder
erst als unausführbar erwiesen: was blieb ihm unter diesen Umständen anderes übrig, als auf das Anerbieten, das ihm Cruser

---

[1]) Instruktion Johanns und Wilhelms für Cruser, 29. Januar 1539. Dieselbe
befindet sich im D. A. C.-M. Verh. zu Geldern Nr. 47c, wo sich auch die Aus-
züge der Berichte Crusers und die Schreiben an ihn vom clevischen Hofe vom
Ende des Jahres 1538 bis in den September 1543 befinden. Zu dieser Instruktion
gehört auch das Schreiben Wilhelms an den Konnetable vom 29. Januar, das nicht,
wie Ribier, Memoires I, 494 und ihm folgend Ruble, Jeanne d' Albret S.
55 annehmen, in das Jahr 1540, sondern 1539 zu setzen ist.

[2]) Papiers d'état du cardinal de Granvelle, hggb. von Weiss, II, 531. Die
Erklärung ist zu datieren Fontainebleau, 20. Februar 1539, wie sich aus der Kopie
im B. A. Papiers Nr. 69 ergiebt.

[3]) Schreiben Crusers vom 17. Februar und 13. März 1540.

im Auftrage von Franz im Juni persönlich machte,[1] einzugehen? Die politischen Verhältnisse trieben ihn in die Arme des Königs, von dem allein er die notwendige Hülfe erwarten konnte; ihrem Zwange vermochte er sich nicht zu entziehen.

Mit dieser Verbindung trat die Wendung in der geldrischen Frage ein, welche schon die Verbindung mit Heinrich VIII., wenn sie von längerer Dauer gewesen, und in noch höherem Masse die mit den Protestanten, wenn sie überhaupt zur Ausführung gekommen wäre, hätte herbeiführen müssen. Die geldrische Angelegenheit war von nun an in die europäischen Verwickelungen hineingezogen und nicht mehr von ihnen zu trennen.

Nach einer Besprechung mit seinen Räten sandte er seinen Kanzler Ghogreff und seinen Marschall Wachtendonk mit Cruser nach Frankreich.[2] Ihr Auftrag war ein doppelter. Einmal hatten sie Vollmacht zum Abschluss eines Bündnisses mit Franz; der zweite Punkt aber betraf die Heirat Wilhelms mit Jeanne, der 12-jährigen Tochter Heinrichs von Navarra und Margaretes, der Schwester von Franz I.[3] Da auf beiden Seiten der gute Wille

[1] Wilhelm an Johann Friedrich, 11. Juni 1540. W. A. Reg. C. pag. 486 Nr. 8b.

[2] Ruble, Jeanne d'Albret S. 58 f. Die Vollmacht der clevischen Gesandten vom 21. Juni 1540 bei Ribier, Memoires I, 529 f.

[3] Der sächsische Gesandte Wallenrod, der Jeanne selbst gesehen hat, berichtet in seiner Relation vom 1. September 1540 (W. A. Reg. C. pag. 486 Nr. 8b) über sie folgendermassen: „Die Gestalt ist fromm, züchtig und adlig, und ist fast der Mutter ähnlich oder gleich, aber noch jung und über 12 Jahre nicht alt." Die erste Anregung zu diesem Plane ging nach einem Schreiben Crusers vom 16. Februar 1539 von dem Kardinal du Bellay, dem Vertreter der auf eine Verbindung mit den Protestanten gerichteten Politik am französischen Hofe, aus. Bei der Königin Margarete, der Mutter Jeannes, mit der er über diese Ehe sprach, fand er bereitwilliges Entgegenkommen. König Franz wollte aber erst den Ausgang seiner Verhandlungen mit Karl über die noch unerledigten Streitfragen betreffs Mailands abwarten. Im September 1539 machte im Auftrage Margaretes La Planche Wilhelm Eröffnungen wegen dieses Projektes; selbst zu der Zeit, als Karl am französischen Hofe weilte und Jeanne erst für den Sohn Ferdinands und dann für seinen eigenen begehrte, hielt sie an demselben fest. Wilhelm wies zwar im Jahre 1539 diesen Plan nicht direkt von der Hand, liess vielmehr der Königin für ihre gute Zuneigung danken und im März 1540 durch Cruser Erkundigungen über Jeanne wie über die Tochter des Königs von Frankreich einziehen. aber die Entscheidung in dieser Angelegenheit brachte erst der ergebnislose Ausgang der Genter Unterhandlungen. Durch ein Schreiben vom 11. Mai wurde Cruser beauftragt, mit Margarete in Verhandlungen zu treten (vgl. die Schreiben an Cruser vom 15. September und 16. November 1539 und vom 5. März und 11. Mai 1540; desgl.

vorhanden war, so kamen die Verhandlungen schnell zum Abschluss. Der Ehevertrag, welcher dem clevischen Hause ein Anrecht auf die einstige Nachfolge in den Besitzungen der Eltern
Jeannes eröffnete, wurde am 16. Juli unterzeichnet, am folgenden
Tage ein Vertragsentwurf,[1]) durch welchen ein gegenseitiges Schutz-
bündnis gegen alle Feinde mit Ausnahme des deutschen Reiches
geschlossen wurde. Wilhelm versprach ausserdem, die französischen
Truppenwerbungen in seinen Ländern zuzulassen und den im
übrigen Deutschland angenommenen Scharen freien Durchzug zu
gewähren. Für Franz wurde hierdurch das Bündnis in militäri-
scher Beziehung von grosser Wichtigkeit. In Nordwest-Deutsch-
land stand ihm jetzt ein grosses Werbegebiet zu Gebote, unge-
hindert konnten die in den angrenzenden Gebieten angenommenen
Truppen ihm zuziehen; durch einen Einfall in Brabant und Holland
vermochte Wilhelm im Falle eines Krieges Marias nördliche Provinzen zu bedrohen, während gleichzeitig Franz auf die südlichen
einen Angriff unternehmen konnte. Gegen diese Vorteile wollte
die Verpflichtung des Königs, den Herzog im Falle eines feindlichen Angriffs zu unterstützen, nicht viel besagen. Ausserdem
hatte er ihn dadurch, dass er Jeanne noch bei sich behielt und in
die Bestätigung des Vertrages den Artikel des Nizzaer Abkommens aufnahm, durch welchen er dem Kaiser bei der Eroberung
Gelderns nicht entgegenzutreten sich verpflichtet hatte,[2]) vollkommen in seiner Hand und sich selbst die Möglichkeit einer Verständigung mit Karl offengehalten. Deutlich erkannte auch
Wilhelm die Bedeutung dieses Vorbehaltes; trotz aller Freude
über das Zustandekommen der Verbindung konnte er hierüber sein
Missbehagen nicht unterdrücken.[3])   •

      Jedoch Franz verfolgte bei dem Abschluss dieses Vertrages
noch ein weiteres Ziel. Genau dieselben Motive, welche Heinrich VIII. zu seiner Ehe mit Anna von Cleve bewogen hatten, waren
auch bei ihm wirksam. Durch Wilhelm hoffte er mit den Protestanten in nähere Verbindung zu treten. Zu dem Zwecke gab er

---

die Berichte Crusers vom 16. und 23. Februar, 29. Mai, 25. Oktober und 26. Dezember 1539 und 6. und 30. Januar und 11. und 22. Mai 1540. Vgl. auch Kuhle,
Jeanne d'Albret S. 56.
      [1]) Ebenda S. 273 ff; Lacomblet, Urkundenbuch, IV, 667.
      [2]) Vgl. oben S. 45.   •
      [3]) Wilhelm an Ghogreff, 27. September 1540. D. A J.-B. Familiensachen Nr.
17, erwähnt von Lacomblet, Archiv V, 38.

Cruser, der dem Herzog die Ratifikation des Bündnisses zu überbringen hatte, den Auftrag, sich nach Besprechung mit diesem zu den deutschen Fürsten zu begeben und sie zum Anschlusse zu bewegen.[1])

Mit diesem Plane kam Franz nun einem Wunsche des Kurfürsten Johann Friedrich entgegen. So sehr dieser gegen die Vermählung Annas mit dem König von England gewesen war, so gern sah er jetzt die Verbindung Wilhelms mit dem französischen Hause;[2]) schien doch hierdurch seine Absicht, welche auf ein Bündnis seiner Glaubensgenossen mit Franz I gegen den Kaiser zielte, der Verwirklichung entgegenzugehen. Bereitwillig hatte er daher der Bitte seines Schwagers, einen seiner Räte mit nach Frankreich zu schicken, entsprochen und Wallenrod befohlen, für Wilhelm einzutreten und sich über die Gesinnung des Königs gegen die Protestanten vorsichtig zu erkundigen.[3]) Da dieser ihn freundlich aufgenommen und seine Geneigtheit zu einem Bunde mit diesen offen ausgesprochen hatte, so fand Cruser, als er im Oktober mit dem clevischen Sekretär Udenheimer zu dem Kurfürsten kam, seine Aufgabe wesentlich erleichtert. Dieser erklärte ihm, dass er mit dem Vorschlage des Königs einverstanden sei; einen endgültigen Bescheid könne er aber erst nach eingehender Beratung mit seinen Glaubensgenossen, die im Dezember zusammenkommen würden, geben.[4])

In diesem Entschlusse vermochte ihn auch nicht das wiederholte Drängen des Königs, die Entscheidung nicht so lange hinaus-

---

[1]) Franz dachte sogar an den Beitritt katholischer Fürsten. So riet er Wallenrod, die Kurfürsten von Köln und Pfalz hinzuzuziehen (vgl. Moses, die Religionsverhandlungen in Hagenau und Worms S. 49, A. 1 und als Ergänzung dazu Neues Archiv für Sächsische Geschichte, XIV, 29). In der Instruktion für Cruser vom 9. September 1540 im D. A. C.-M. Verh. zu Geldern Nr. 47c ist auch davon die Rede, dass er zu den deutschen Fürsten sich begeben solle, sowohl den Protestanten wie den andern.

[2]) Wilhelm an Johann Friedrich, 11. Juni 1540; Johann Friedrich an Wilhelm, 19. Juni 1540. W. A. Reg. C pag. 486 Nr. 8b.

[3]) Über die Gesandtschaft Wallenrod's vgl. Neues Arch. für Sächs. Gesch. XIV, 21 ff. Die Originalberichte Wallenrod's sind im W. A. Reg. C. pag. 486 Nr. 8b. Ebenda ist ein Schreiben von Franz an Johann Friedrich vom 4. August 1540, in welchem er seine mündlichen Zusagen wiederholte.

[4]) Below, S. 336f. Credenz Wilhelms für Cruser und Udenheimer zur Werbung an den Kurfürsten vom 6. Oktober 1540 im W. A. Reg. C. pag. 493 Nr. 9. Ebenda noch erläuternde Akten über diese Verhandlungen.

4

zuschieben,[1]) wankend zu machen. Um so mehr Grund hatte er zu dieser Zurückhaltung, als es zum mindesten als sehr fraglich erscheinen musste, ob es ihm gelingen würde, seine Glaubensgenossen zum Eingehen auf seine Wünsche zu bewegen.

Von zwei Fürsten wusste er schon jetzt genau, dass sie zu der Verbindung mit Franz nicht geneigt seien; es waren Herzog Ulrich von Würtemberg[2]) und Landgraf Philipp von Hessen. Von entscheidender Bedeutung war die ablehnende Haltung derselben. Denn von ihrem Beitritt und dem des Königs Christian von Dänemark hatte er den Abschluss des geplanten Bündnisses abhängig gemacht;[3]) ohne sie, allein mit dem Landgrafen, wollte er sich darauf nicht einlassen.

Musste schon die Weigerung Ulrichs, der doch der französischen Unterstützung die Wiedererlangung seines Herzogtums mit zu danken hatte, wunderbar erscheinen, so war die Stellung Philipps mit derjenigen, die er noch vor einem Jahre gegenüber einem Bunde mit Wilhelm eingenommen hatte, der doch jetzt durch den Hinzutritt Franz I. an Bedeutung gewinnen musste, noch schwerer zu vereinigen. Der Grund für den Umschlag seiner Politik lag in dem verhängnisvollen Handel der Doppelehe, der, sowie er damals mit eine der Haupttriebfedern zu seinem Eintreten für den Herzog gewesen war, in demselben Masse jetzt hemmend wirkte. Noch im August wäre er für den Preis der Unterstützung in dieser Sache durch Johann Friedrich zu einem Bündnis mit Frankreich bereit gewesen;[4]) als dieser aber auf seiner Weigerung beharrte, war sein Entschluss gefasst, bei Karl V. den

---

[1]) Im November kam zu dem Kurfürsten Johann von Heideck, welchen der Graf von Fürstenberg im Auftrage von Franz geschickt hatte. Werbung und Antwort vom 19. November 1540 (vgl. Neues Archiv für Sächs. Gesch. XIV, 32). Am 8. Dezember brachte de la Forée seine Werbung vor; die Antwort Johann Friedrichs ist von demselben Tage (vgl. Lenz, Bucer I, 496, A. 1 und Baumgarten, Sleidans Briefwechsel, S. 10, A. 9). Schliesslich schickte Wilhelm noch Udenheimer mit Credenz vom 28. November, der am 12. Dezember seinen Auftrag ausrichtete und am Tage darauf von dem Kurfürsten Bescheid erhielt. Alle diese Akten sind in W. A. Reg. C. pag. 495 Nr. 10. Das von Below, S. 337 f. mitgeteilte Aktenstück ist der Hauptsache nach ein Auszug aus Udenheimers Werbung.

[2]) Ulrich an Johann Friedrich, 6. November 1540. W. A. a. a. O. Er erklärt sich zu dem Bunde erst dann bereit, wenn Franz ihm die Geldsumme, die er ihm schulde, erstattet habe.

[3]) Johann Friedrich an Brück und Hans von Pack, 23. Dezember 1540. W. A. a. a. O.

[4]) Lenz, Bucer I, 491 f.

Schutz zu suchen, welchen ihm seine Glaubensgenossen versagten.
Im September that er den Schritt, welcher seine Verhandlungen
mit dem kaiserlichen Hofe über diese Frage eröffnete und zur
Voraussetzung das Aufgeben jeder ferneren Opposition gegen das
burgundische Haus hatte.

Unter diesen Umständen hatte Franz von dem Tage zu Naumburg, wo die Protestanten gegen Ende des Jahres 1540 zusammen-
traten, nicht viel zu hoffen.¹) Wurde auch das Anerbieten des
Königs nicht direkt abgelehnt, sondern die Entscheidung bis auf
Regensburg verschoben, wo die Stände eine endgültige Antwort
zu geben versprachen,²) so konnte der Ausfall derselben schon
jetzt nicht mehr zweifelhaft sein. Ulrich beharrte auf seiner Weigerung, Philipp erhielt in eben diesen Tagen auf Ansuchen bei
Granvella einen Vertragsentwurf, in welchem ihm in der Frage
der Doppelehe die kaiserliche Gnade zugesichert wurde.³) Jedoch
die Rücksicht auf Wilhelm gebot dem Kurfürsten, die Verhandlungen mit Franz, wenn sie auch keine Aussicht auf Erfolg mehr
boten, nicht schroff abzubrechen, sondern vorläufig noch weiter
fortzusetzen. Der Naumburger Beschluss gab ihm die Möglichkeit, den König, der zum Abschluss des Bundes drängte, durch
Versprechungen hinzuhalten.⁴)

---

¹) Auch der Eifer des Kurfürsten für das französische Bündnis hatte sich
sehr gelegt, nicht allein infolge der ablehnenden Haltung der beiden Fürsten, wenn
dies natürlich auch die Hauptursache war, sondern auch infolge der Nachrichten
über die Verfolgungen der evangelischen Christen in Frankreich, welche trotz alles
Leugnens dem König zur Last gelegt wurden, und der ihm als ganz ungenügend
erscheinenden Vertragsbedingungen, welche ihm Wilhelm im Auftrage des Königs
mitgeteilt hatte (vgl. das oben S. 50, A. 3. erwähnte Schreiben des Kurfürsten
und ein Schreiben Johann Friedrichs an Wilhelm vom 28. Januar 1541 im W. A.
Reg. C. pag. 497 Nr. 11). Die Bedingungen des Königs, die Wilhelm seinem
Schwager am 12. Dezember 1540 zusandte, habe ich bei diesem Briefe nicht gefunden. Dafür ist im D. A. C.-M. Verh. zu Geldern Nr. 47 die Instruktion von
Franz für Cruser vom 30. November 1540, welche sie enthält, und von der Wilhelm wohl seinem Schwager eine diesen Punkt betreffende Abschrift sandte. Dieser
Vertragsentwurf ist ganz allgemein gehalten, nähere Bestimmungen enthält er ebensowenig wie ein im W. A. Reg. C. pag. 497 Nr. 14 befindlicher, der bei Wallen-
rods Relation vom 20. Oktober 1541 liegt.

²) Johann Friedrich an Wilhelm, 19. und 28. Januar 1541. W. A. Reg. C.
pag. 497 Nr. 11.

³) Lenz, Bucer I, 499.

⁴) Morelet, der ihn im Auftrage von Franz aufsuchen sollte, verwies er nach
Regensburg (Brück an Johann Friedrich, 20. Februar 1541; Morelet an Johann
Friedrich, 4. Februar 1541, Johann Friedrich an Morelet, 21. Februar 1541. W.

Diesem war indessen die Abneigung der beiden Fürsten von
Hessen und Würtemberg gegen die Verbindung mit ihm keineswegs entgangen. Noch bevor seiner Schwester, der Königin Margarete, das Schreiben Philipps, in welchem dieser offen jeden derartigen Plan abgelehnt hatte,[1]) zugekommen war, hatte er an
Wilhelm die Aufforderung gelangen lassen, sich nach Frankreich
zum Vollzug seiner Ehe mit Jeanne zu begeben.[2]) Je weniger
sich diese Hoffnungen, die Franz auf seinen Bund mit diesem gesetzt hatte, zu erfüllen schienen, desto mehr musste er darauf bedacht sein, wenigstens ihn unauflöslich an sich zu fesseln und das
Bündnis noch fester zu gestalten.

Keinen geeigneteren Zeitpunkt hätte Franz wählen können,
um den Bruch Wilhelms mit dem Kaiser unheilbar zu machen.
Durch ein besonderes Schreiben hatte Karl V. den Herzog, den
er schon vorher in seiner Eigenschaft als Reichsfürst zur Be-
suchung des Reichstages eingeladen hatte,[3]) zusammen mit den
geldrischen Ständen aufgefordert, in Regensburg zu erscheinen, um
dort die Rechtmässigkeit seiner Ansprüche auf die beiden
Länder anzuhören.[4]) Begab sich nun Wilhelm, anstatt diesem
Befehle Folge zu leisten, zur Vermählung mit Jeanne nach Frankreich, so musste die Erbitterung auf kaiserlicher Seite gegen ihn
noch wachsen.[5]) Doch für ihn gab es keine Wahl mehr, wenn er

---

A. Reg. C. pag. 497 Nr. 11. Vgl. auch Vetter, die Religionsverhandlungen auf dem
Reichstage zu Regensburg 1541 S. 14). Noch ehe der Kurfürst von der nahe
bevorstehenden Reise Wilhelms nach Frankreich wusste, entschloss er sich, im
geheimen Planitz zu dem König zu senden, um den langen Aufschub wegen des
Abschlusses des Bündnisses zu entschuldigen (Credenz und Instruktion für Planitz
vom 24. März 1541 im W. A. Reg. C. pag. 497 Nr. 12. Vgl. auch Vetter a. a.
O. S. 160 und Neudecker, Merkwürdige Aktenstücke aus dem Zeitalter der Reformation S. 271 f. und 281).

[1]) Philipp an Margarete, 20. Februar 1541. D. A. C.-M. Verh. zu Geldern
Nr. 47c.

[2]) Über die Vorgeschichte der Reise Wilhelms vgl. Ruble, Jeanne d'Albret
S. 64 ff. und 78 ff. Der Auszug des Schreibens von Cruser ist vom 17. Februar
1541. Ein vollständiges Schreiben desselben an Ghogreff vom 25. Februar 1541
im D. A. J.-B. Familiensachen Nr. 17.

[3]) Karl an Wilhelm, 19. Januar 1541. D. A. J.-B. Reichstagsverhandlungen
Nr. 10.

[4]) Ruble, Jeanne d'Albret S. 284 ff; schon bei Pontanus, Historia Gelrica S.
817 ff. finden sich die beiden Schreiben. Das Schreiben an Wilhelm ist, wie
sich aus Nyhoff, Arnhem S. 206 und Düsseld. Akten ergiebt, vom 24. Januar,
das an die Stände vom 22 Januar zu datieren.

[5]) Über die Stimmung auf kaiserlicher Seite gegen ihn vgl. das schon bei

sich nicht König Franz durch Ablehnung dieses Wunsches entfremden wollte; ausserdem lag der Abschluss seiner Verbindung
mit Jeanne zu sehr in seinem eigenen Interesse, als dass er nicht
bereitwillig dieser Einladung hätte nachkommen sollen. Vom ersten
Augenblicke stand bei ihm der Entschluss fest, den Tag in Regensburg nicht zu besuchen;[1]) die Stände von Geldern und Zütphen,
die er zur Beratung über diese Frage berufen hatte, bestärkten
ihn nur in seiner Ansicht.[2]) Als daher der König im März seine
Aufforderung wiederholte,[3]) glaubte Wilhelm nicht länger zögern
zu dürfen. Heimlich begab er sich Anfang April nach Frankreich,
wo er glänzend aufgenommen und am 14 Juni die Vermählung
unter grossem Pomp und vielen Festlichkeiten gefeiert wurde.[4])

Wilhelm schien jetzt am Ziel seiner Wünsche; es fehlte nur
noch die Genehmigung des Königs, dass ihm Jeanne in seine Heimat folge. In diesem Punkte stiess er aber bei Franz auf ent-
schiedenen Widerstand. Zu einer Zeit, wo sich 'das Verhältnis
zwischen Karl V. und Franz I. immer mehr verschlechterte, wo
ein neuer Krieg unausbleiblich schien und der König die Hülfe
Wilhelms laut dem Vertrage in Anspruch zu nehmen gedachte, war
er nicht gesonnen, Jeanne herauszugeben. Erst musste dieser seine
Treue beweisen; durch das Versprechen, sie ihm zuzusenden, konnte
er ihn, falls er säumig sein sollte, zu energischem Handeln an-
treiben, die Vereinigung mit ihr ihm als den Preis seiner
Dienste hinstellen.

Etwas Positives erreicht hatte demnach Wilhelm durch die
Vollziehung seiner Ehe nicht, Jeanne blieb nach wie vor in Frankreich, und seine Reise hatte den Kaiser nur noch mehr gereizt.

So sehr dieser aber auch über Wilhelm empört war, so heftig
er sich über ihn beschwerte, musste er doch, wenn er die Ausführung seiner geplanten Expedition gegen Algier nicht unmöglich

---

Buchholtz, Geschichte der Regierung Ferdinands des Ersten IV, 396 f.
und dann bei Ruble, Jeanne d'Albret S. 66 erwähnte Schreiben Ferdinands.
[1]) Wilhelm an Johann Friedrich, 4. Februar 1541. W. A. Reg. C. pag. 497
Nr. 11.
[2]) Nyhoff, Arnhem S. 207. Der Beschluss der Stände gehört wohl ebenfalls
zum 16. Februar, wo man über die Sendung von Abgeordneten zum Reichstage
schlüssig wurde.
[3]) Ruble, Jeanne d'Albret S. 80. A. 1.
[4]) Das Nähere siehe bei Ruble, Jeanne d'Albret S. 84 ff; vgl. auch Ztscht
des Berg. Geschichtsvereins I, 1 ff.

machen und mit Franz in einen Krieg nicht verwickelt werden
wollte, die Abrechnung mit Wilhelm noch hinausschieben.[1]) Er be-
schränkte sich auf zwei diplomatische Gegenmassregeln. Der Ehe
Wilhelms mit Jeanne setzte er die des Herzogs Franz von Lothringen mit Christine von Mailand entgegen, infolge deren ihm dieser
seine Ansprüche auf Geldern abtrat,[2]) dem Bunde Wilhelms mit Franz
den seinen mit Philipp.[3]) Hierin sicherte ihm dieser Wilhelm gegenüber vollkommene Neutralität zu; er verpflichtete sich, mit ihm
ebensowenig wie mit Franz ein Bündnis einzugehen und seine Auf-
nahme in den schmalkaldischen Bund zu verhindern. Hatte Philipp
schon in Naumburg unter dem Einfluss seiner Verhandlungen mit
dem kaiserlichen Hofe es abgelehnt, auf die angebotene Verbindung mit Frankreich einzugehen, so vereitelte der Abschluss
des Vertrages am 13. Juni 1541 in Regensburg definitiv jeden
derartigen Plan.[4]) So hatte Karl diesem Abkommen schon jetzt
einen grossen Erfolg zu verdanken; noch wertvoller musste es aber
für die Zukunft werden

Im Vollgefühl dieses diplomatischen Sieges gab er vor den Ständen am 3. Juli seinem Zorne gegen Wilhelm offenen Ausdruck;[5]) schon

---

[1]) Am 10. Januar 1543 schreibt Maria an Granvella, dass ihr Karl, als er
das letzte mal in Regensburg gewesen sei, eine Teilung Gelderns mit Wilhelm vor-
geschlagen habe, um ihn von anderen Verbindungen abzuziehen und den Ausbruch
eines Krieges zu verhüten (B. A. Papiers Nr. 124). Die Antwort Granvellas vom
21. Januar bringt wie die in Brüssel vorhandene Korrespondenz des Kaisers
mit seiner Schwester aus dieser Zeit über diese Frage keine Aufklärung; die in
Wien vorhandenen Schreiben aus dem Jahre 1541 ergeben das gerade Gegenteil,
eine Mitteilung, die ich der Güte der dortigen Archivverwaltung verdanke: Karl
steht auf seinem alten Standpunkte der Notwendigkeit der Erwerbung von ganz
Geldern. Da man nun in einem so wichtigen Punkte einen Irrtum Marias kaum
wird annehmen können, so bleiben nur die beiden Möglichkeiten übrig, dass das
betreffende Schreiben Karls in einem andern Archiv sich befindet oder verloren
gegangen ist.

[2]) Henne, Charles-Quint VII, 318f.

[3]) Lenz, Bucer III, 91ff. Der Vertrag des Kaisers mit dem Kurfürsten
von Brandenburg (vgl. Ranke, Deutsche Geschichte IV, 164 und VI, 195 ff.) kann,
wenn er diesen auch zum direkten Auftreten gegen Wilhelm verpflichtete, bei
weitem nicht die Bedeutung wie der mit Philipp beanspruchen.

[4]) In Regensburg sprachen die sächsischen Gesandten im Auftrage ihres
Herrn den Landgrafen wegen des geplanten französischen Bündnisses das erste
Mal am 30. März an (vgl. Vetter, die Religionsverhandlg. in Regensb. S 159 und
Lenz, Bucer III, 17). Eine zweite Werbung ergiebt sich aus dem Schreiben
Johann Friedrichs an Planitz vom 2. Juni 1541. W. A. Reg. C. pag. 497 Nr. 12.

[5]) Über die Verhandlungen des Kaisers mit den Ständen vgl. Zeitschrift des

lange hatte er die Gelegenheit herbeigesehnt, ihnen die Rechtmässigkeit seiner Ansprüche auf Geldern und Zütphen darzulegen; hatte er diesen Reichstag doch hauptsächlich aus diesem Grunde berufen.[1] Jedoch aus ihrem Verhalten konnte er ersehen, dass er in dieser Angelegenheit jetzt ebenso wenig wie früher auf sie in ihrer Gesamtheit zu rechnen habe; um so wertvoller mussten ihm naturgemäss seine Sonder bündnisse mit den beiden Fürsten erscheinen. Nachdem die Stände bereits auf diesen Vortrag des Kaisers ihre Vermittelung angeboten hatten, begaben sie sich am 21. Juli auf das Ersuchen der Gesandten Wilhelms[2]) zu Karl und legten für diesen eine Fürbitte ein.[3])

Man kann Karl den Groll und die Verbitterung nachempfinden, die in den Worten zum Ausdruck kam, dass die Stände sich nie hätten einigen können, wenn es sich um seine Angelegenheiten handle; in dieser Sache dagegen, wo es sich darum handle, ihn zu schädigen, seien sie alle einig. Eine Verhandlung mit Wilhelm, ohne dass dieser ihm Geldern und Zütphen zugestellt habe, verwarf er ebenso unbedingt wie die erbetene Belehnung mit Jülich-Berg, Cleve-Mark und Ravensberg.[4])

Berg. Geschichtsvereins 23, 107 ff. und Below, S. 357 ff. Über die Verhandlung am 3. Juli ist im D. A. J.-B. Hgtm. Geldern No. 20 ein ausführlicher Bericht; vgl. auch Lenz, Bucer III, 118.

[1] Vgl. Kervyn de Lettenhove, Commentaires S. 57, citiert von Ranke, Deutsche Geschichte, VI, 76.

[2] Instruktion bei Below. S. 340 f; Vollmacht, die Belehnung mit Geldern und Zütphen nachzusuchen, bei Lacomblet, Urkundenbuch IV, 669. Am 29. März übergaben sie dem Pfalzgrafen Friedrich ein Schriftstück, in welchem die Beschuldigungen des Kaisers in seinem Einladungsschreiben an Wilhelm vom 24. Januar Punkt für Punkt widerlegt wurden; es ist dasselbe, das Ruble. Jeanne d'Albret S. 285, A. 1 erwähnt. Am 10. Mai überreichten sie ihm ein zweites Schriftstück, in welchem sie die Belehnung Wilhelms mit allen seinen Ländern nachsuchten und sein Ausbleiben entschuldigten. Am 15. Juli baten sie die Stände, bei dem Kaiser für ihn einzutreten; am 19. Juli erklärten diese ihre Bereitwilligkeit. Alle diese Akten befinden sich im D. A. J.-B. Hgtm. Geldern Nr. 20.

[3] Ebenda der Bericht über die Verhandlung am 21. Juli. Die Stände baten Karl nicht um Belehnung mit Geldern und Zütphen, wie es die clevischen Gesandten gewünscht hatten, um den Kaiser nicht noch mehr zu erbittern. Bei dieser Verhandlung fand auch die Unterbrechung des Vortrages von Naves durch den Kaiser statt (vgl. Ztscht. des Berg. Geschichtsvereins 23, 108 und Below S. 358).

[4] Die geldrischen Gesandten hatten, da sie der Kaiser zu der Verhandlung am 3. Juli nicht hinzugezogen hatte, bald darauf abreisen wollen; auf ausdrücklichen Wunsch Karls waren sie aber noch geblieben (vgl. das Schriftstück, das sie dem Pfalzgrafen Friedrich am 7. Juli übergaben, und den Bericht von demselben Tage über dessen Verhandlung mit ihnen im D. A. a. a. O.). Wie die Gesandten Wilhelms, so über-

Wie wenig Karl es aber jetzt zum Bruche mit Wilhelm kommen lassen wollte, bewies der Auftrag, welchen er bei seinem Scheiden von Regensburg dem Pfalzgrafen Friedrich gab, der dahin ging, dass die vier rheinischen Kurfürsten Wilhelm aufsuchen und zum Verzichte auf Geldern und Zütphen ermahnen lassen sollten.[1] Zum ersteren waren dieselben bereit, zum letzteren nicht.[2] In der Instruktion, welche ihre Räte in Bingen zur Werbung an Wilhelm aufsetzten, war von der Forderung der Abtretung der beiden Länder durch den Herzog nicht mehr die Rede; sie begnügten sich, ihm das kaiserliche Verlangen mitzuteilen, und baten ihn, in Ansehung der Wichtigkeit des geldrischen Handels Mittel und Wege zur Verständigung vorzuschlagen; gleichzeitig erklärten sie ihm ihre Bereitwilligkeit zur Vermittelung[3] Wilhelms Antwort war dieselbe, die er immer auf derartige Anträge hatte; er bedankte sich für ihre Mühe und erbot sich zu gütlicher oder rechtlicher Verhandlung der Streitfrage.[4]

---

reichten auch sie dem Erzbischof von Mainz am 28. Juli ein Schriftstück, in welchem sie ihn baten, ihr Erscheinen gemäss dem kaiserlichen Befehle und ihren beinahe 5 monatlichen Aufenthalt in das Reichsprotokoll aufzunehmen (D. A. a. a. O.). Zur Protestation von Wilhelms Gesandten vgl. Below, S. 348 f.

[1] Vgl. Ztscht. des Berg. Geschichtsvereins 23. 109 und Below, S. 355 und 359 f.

[2] Im D. A. J.-B. Hgtm. Geldern No. 26 ist eine undatierte Instruktion, wahrscheinlich des Kurfürsten von Köln für Johann Gropper zu dem Bingener Tage, in welcher dieser sich ausdrücklich gegen die Stellung eines derartigen Ansinnens an Wilhelm verwahrt.

[3] Instruktion vom 11. Oktober 1541 im D. A. J.-B. Hgtm. Geldern No. 19.

[4] Wilhelms Antwort vom 4. November 1541 im W. A. Reg. C. pag. 497 No. 14. Erwähnt findet sich dieselbe auch schon bei Sleidan, De statu religionis et rei publicae Carolo V. caesare, hggb. von Am Ende, Frankfurt 1785.86. Bd. II, 242. Vgl. auch Lanz, Correspondenz II, 331 f.

Fünftes Kapitel.

Rossems Einfall in Brabant.

Diese friedlichen Äusserungen standen aber mit den gleichzeitig in Wilhelms Landen stattfindenden französischen Werbungen in direktem Widerspruch. Die im Sommer 1541 erfolgte Ermordung der französischen Gesandten Fregoso und Rincone, welche allgemein dem Kaiser zur Last gelegt wurde, hatte die bereits bestehende Verstimmung der beiden Grossmächte noch beträchtlich gesteigert; Franz begann jetzt ernstlich, Rüstungen gegen den Kaiser vorzubereiten. Bei der Ausführung derselben kam ihm nun sein Bündnis mit Wilhelm sehr zu statten, das ausserdem durch dessen Vertrag mit dem Bischof von Münster für ihn noch an Bedeutung gewann und ihm ein neues Werbegebiet eröffnete.[1] Seit dem Oktober liess der König Hauptleute in Wilhelms Gebiet für seinen Dienst annehmen[2], und Anfang November schickte er mit L'Estranges, seinem vorigen Gesandten, Serrant zu ihm, der an seinem Hofe bleiben und im Verein mit seinen Räten und Befehlshabern die nötigen Vorbereitungen zu dem bevorstehenden Kriege treffen sollte.[3] Als die wichtigste Aufgabe musste die Aufstellung des Feldzugsplanes erscheinen. Hierbei fand Serrant nun die eifrigste Unterstützung an Martin von Rossem,[4] dem Oberbefehlshaber über die anzuwerbenden Truppen, der sich bereits unter Herzog Karl von Geldern den Ruf eines kühnen und erfahrenen Heerführers erworben hatte. Des Vertrauens, das Franz in ihn gesetzt hatte, suchte sich Rossem

---

[1] Below, S. 349 f. Vgl. auch Lacomblet, Urkundenbuch IV, 666f., A. 1.

[2] Ruble, Jeanne d'Albret S. 154 f.

[3] Ebenda S. 299 und 302. Cruser erwähnt die Sendung Serrants in seinen Berichten vom 27. Oktober und 5. November 1541; du Bois spricht über sie in seinem Briefe an Wilhelm vom 5. November (D. A. J.-B. Familiensachen No. 17).

[4] Vgl. über ihn Pape, De levensgeschiedenis van Maarten van Rossem, und Henne, Charles-Quint VII. 362 f. Praet nennt ihn homme de cerveau et fin en la guerre (Praet an Maria, 7. August 1543. B. A. Papiers No. 99).

nun würdig zu erweisen, indem er Serrant eröffnete, wie nach
seiner Ansicht der Krieg am besten zu führen sei.[1]) Seine Absicht
ging dahin, sich durch einen raschen Einfall der brabantischen
und flandrischen Hauptstädte zu bemächtigen; mit Löwen wollte
er beginnen, dann sollten Antwerpen und Gent an die Reihe kommen;
der letzten Stadt glaubte er durch verräterische Verbindungen, die
er schon seit dem Winter 1541 angeknüpft hatte,[2]) vollkommen
sicher zu sein; vor Brüssel und Mecheln hoffte er ebenfalls geringen
Widerstand zu finden; den Rückweg wollte er nach Frankreich
nehmen, um sich mit der dortigen Armee zu vereinigen.

Es war ein gross angelegter Plan, der Maria schweren Schaden
zufügen musste und dessen Folgen gar nicht abzusehen waren,
wenn er gelang; aber darauf kam es an. Keineswegs verhehlte
sich Rossem die grossen Schwierigkeiten, die er zu erwarten hatte.
Ausdrücklich machte er das Gelingen dieser Unternehmung von
einer thatkräftigen Unterstützung seitens Franz I. abhängig; ausser
einer genügenden Truppenmasse, um die eroberten Städte auch
durch Besatzungen behaupten zu können, verlangte er vor allem
eine grosse Anzahl von Geschützen, um bei etwaiger ernster Gegenwehr Bresche in die Mauern der belagerten Plätze schiessen zu
können.

Bereitwillig ging Franz auf diesen Vorschlag ein, der seinen
Wünschen so entsprach und grossen Erfolg verhiess. Da er die
ausreichende Truppenanzahl in Wilhelms Landen zu bekommen
hoffte, so handelte es sich zur Ausführung desselben nur noch um
das verlangte Geschütz. Auch in diesem Punkte nahm er die
Unterstützung seines Bundesgenossen in Anspruch. Longueval, den
er im Mai zu ihm sandte und der neben Rossem die Leitung des
Zuges übernehmen sollte, beauftragte er, Wilhelm zu bitten, das
nötige Geschütz zu leihen.[3])

Anfang Juni kam Longueval am clevischen Hofe an; er fand
jedoch mit seinen Wünschen bei Wilhelm weniger Entgegenkommen, als er erwartet hatte. So bereitwillig dieser bisher auch

---

[1]) Serrant an den König, 26. Februar 1541, und ein undatiertes Schreiben
von ihm, wohl vom Ende März. D. A. J.-B. Familiensachen No. 17.

[2]) Franz an Serrant, 21. Januar und 7. Februar 1541. D. A. a. a. O. Vgl.
auch Henne, Charles-Quint VII, 351 ff.

[3]) Der Bericht Crusers, durch welchen Franz diese Bitte noch einmal aussprechen liess, ist vom 25. Mai 1542. Denselben Auftrag erhielt auch noch Serrant
(Franz an Serrant, 27. Mai 1542. D. A. a. a. O.).

jedem Verlangen des Königs entsprochen hatte, gab es doch für ihn eine ganz bestimmte Grenze, über die er sich nicht hinausziehen lassen wollte. Bei der Bestellung der Hauptleute hatte er Franz seine Unterstützung nicht versagt, da ihn dazu sein Bündnis verpflichtete und er damit seinen Pflichten als Reichsfürst nicht entgegenzuhandeln glaubte.[1] Offen dagegen für ihn einzutreten, war er nicht gesonnen, da er alles vermeiden wollte, was dem Kaiser gerechten Grund zum Einschreiten gegen ihn geben konnte.[2] Deshalb war auch der Anschlag auf Brabant ihm verborgen gehalten worden, da Serrant wie Rossem Grund zur Annahme zu haben glaubten, dass er diesen Plan nicht billigen würde.[1] Als nun Mitte Mai durch Cruser Nachrichten über die kriegerischen Absichten des Königs und die bevorstehende Sendung Longnevals an den clevischen Hof kamen,[1] waren Wilhelm und seine Räte im ersten Augenblick sehr erregt und konnten ihr Missbehagen nicht unterdrücken[1] Trotz der gegenteiligen Versicherungen herrschte die Furcht vor, dass der König den Herzog auch zur Teilnahme am Kriege nötigen wolle. Vermehrt wurde noch Wilhelms Verstimmung gegen den König durch dessen Verhalten betreffs der versprochenen Zusendung Jeannes. Geschickt hatte er immer ihre Abreise hinauszuschieben gewusst, wozu ihm ihre Kränklichkeit einen erwünschten Vorwand gab, immer wieder hatte er den Herzog auf die Zukunft vertröstet. Schliesslich hatte er fest zugesagt, sie im Mai

---

[1] Auf seine Veranlassung war in die Verpflichtung der Hauptleute der Zusatz aufgenommen worden, dass sie gegen alle dem König dienen sollten, „ausgenommen das heilige Reich" (Du Bois an Wilhelm, 31. Oktober 1541. D. A. J.-B. Familiensachen Nr. 71. Auch in der Schwurformel der „Garnisoner" findet sich dieser Zusatz (Ztschft. des Berg. Geschichtsvereins 30, 6, und Below, S. 353, A. 2). Franz behielt sich aber vor, sich der Hauptleute gegen den Kaiser und seine Anhänger bedienen zu können.

[2] So hatte Wilhelm bereits im Jahre 1541 den französischen Vorschlag, das Bündnis, das bisher nur ein defensives war, auch auf Offensiv-Zwecke auszudehnen, abgelehnt (Ruble, Jeanne d'Albret S. 125 ff. und Below, S. 346 ff. Schon Ranke, Deutsche Geschichte IV, 178, hat dies Aktenstück benutzt).

[3] Vgl. ausser dem oben S. 58, A. 1. erwähnten Schreiben Serrants vom Ende März auch noch sein gleichzeitiges an den Admiral.

[4] Am 30. April und 1. Mai 1541 berichtete Cruser, dass am französischen Hofe die Absicht bestanden habe, Wilhelm in den Krieg hineinzuziehen, der König aber auf seine Gegenvorstellungen dieselbe aufgegeben habe und nur verlange, dass Wilhelm Longueval in allem unterstütze.

[5] Serrant an den König und den Admiral, Mitte Mai 1541, vielleicht vom 15. Mai. D. A. J.-B. Familiensachen Nr. 17.

zu senden, doch auch dieses Versprechen hatte sich als trügerisch
erwiesen.[1]) Hierdurch musste das Misstrauen gegen die Ehrlichkeit der französischen Absichten, dem schon die Räte im Oktober
1541 gegen Cruser Ausdruck gegeben hatten, neue Nahrung gewinnen.[2])

Unter diesen Umständen verhielt sich Wilhelm den Aufträgen
Longuevals gegenüber ziemlich ablehnend. Zwar den Abmarsch
der in seinen Landen geworbenen Truppen konnte er, selbst wenn
er es auch gewollt hätte, gar nicht hindern, da er den bereits in
grosser Anzahl versammelten Scharen[3]) gegenüber machtlos war;
er begnügte sich daher mit leeren Protestationen Longueval gegenüber und dem Erlass eines entsprechenden Verbotes.[4]) Dafür erfüllte er aber die beiden andern Wünsche desselben nur teilweise.
Die Sendung der „Garnisoner" nach Frankreich, Truppen, welche
Franz auf seine Kosten in Wilhelms Landen unterhielt,[5]) ver-
weigerte er entschieden, da hierdurch seine Unterstützung offen
an den Tag gekommen wäre und er sie zu seinem eigenen Schutze
nicht entbehren zu können glaubte.[6]) Inbetreff der Überlassung
des Geschützes wurde der Ausweg getroffen, dass nicht Wilhelm
selbst, sondern Rossem dem Könige die gewünschte Zahl zur Verfügung stellen solle.[7]) Trotz seines Misstrauens inbetreff der
Schickung Jeannes, das er auch Longueval gegenüber nicht unter-
drückt hatte, hatte er doch in der Hauptsache die Wünsche des

---

[1]) Ruble, Jeanne d'Albret S. 157 ff. Relation von Planitz über seine Werbung
an Wilhelm im März 1542. W. A. Reg. C. pag. 505 Nr. 15. Cruser an Ghogreff,
30. April und Du Bois an Wilhelm, 25. April 1541. D. A. J.-B. Familiensachen
Nr. 17. Diese beiden Schreiben melden übereinstimmend, dass die Königin von
Navarra, die doch diese Ehe zuerst mit veranlasst hatte, ihre Tochter zurückzu-
halten sich bemühe. Über ihre Stellung kurz vor der Vermählung vgl. Ruble,
Jeanne d'Albret, S. 90 ff.

[2]) Below, S. 354.

[3]) Vgl. Zeitschrift d. Berg. Geschichtsvereins 23, 101 ff.

[4]) Below, S. 413 f. und 403, A. 1.

[5]) Below, S. 353 f. und Ztscht. des Berg. Geschichtsvereins 30, 1 ff.

[6]) Wilhelms Räte an Cruser, 7. Juli 1542. D. A. C.-M. Verh. zu Geldern
Nr. 47a. Vgl. auch Below, S. 416.

[7]) Bericht an Cruser vom 8. Juni 1542. Später kam man den französischen
Wünschen noch mehr entgegen (vgl. Below, S. 411 f.). Deutlich ergiebt sich
aus dem Briefe, wie ängstlich man am clevischen Hofe bemüht war, Wilhelm
von jedem Verdachte der Beihülfe zu dem französischen Unternehmen fernzu-
halten.

Königs erfüllt. [1]) Die Ansicht Serrants, [2]) der Herzog werde für Franz alles thun, was sich im geheimen thun lasse, hatte sich als richtig erwiesen; die Furcht, den König durch die Ablehnung einer Forderung, der er, ohne sich direkt in Verdacht zu setzen, nachkommen konnte, zu erzürnen und seine Gunst zu verscherzen, überwog alle seine Bedenken.

Konnte Wilhelm aber wirklich glauben, dass seine versteckte Unterstützung des Königs unbemerkt bleiben, dass seine Beteuerungen, er habe die französischen Rüstungen nicht nur nicht unterstützt, sondern nach Kräften zu verhindern gesucht, bei einer so aufmerksamen Gegnerin wie Maria, deren Spione sich überall in seinen Ländern aufhielten, Glauben finden würden? Bereits im Oktober 1541 meldete sie dem Kaiser von den französischen Umtrieben und sprach die Befürchtung aus, dass, wenn der König den Krieg im nächsten Sommer nicht selbst beginnen werde, er ihn durch Rossem von Geldern aus eröffnen lassen werde.[3]) Gerade diese letzte Bemerkung zeigte, wie zutreffend sie über die feindlichen Pläne unterrichtet war. Anfang Juni 1542 gelangte sie nun in den Besitz von zwei Briefen Serrants, in welchen sich dieser ausführlich über die vorhandenen Truppenansammlungen äusserte, und durch die sie den besten Beweis für die Unterstützung derselben durch Wilhelm in den Händen zu haben glaubte. [4])

Demgemäss traf sie ihre Gegenmassregeln, die sich in zwei Richtungen bewegten. Einmal kam es ihr darauf an, irren Gegner bei den Ständen in Misskredit zu bringen und öffentlich vor ihnen seine Schuld zu beweisen. Bereits auf dem Reichstage zu Speier hatte die Königin über die kriegerischen Absichten Wilhelms Klage führen lassen und auch erreicht, dass die Stände deshalb den clevischen Gesandten Vorstellungen gemacht hatten.[5]) Zum Beweise, wie unbegründet diese Beschuldigungen seien, hatten die-

---

[1]) Wilhelm lieh Longueval sogar 15000 Goldgulden (vgl. Below, S. 412).

[2]) Serrant an den König, 4. Juni 1542. D. A. J.-B. Familiensachen Nr. 17. Vgl. auch Zeitschrift des Berg. Geschichtsvereins 23, 102 und 104.

[3]) Maria an Karl, 15. Oktober 1541. B. A. Papiers Nr. 51.

[4]) Maria an Karl, 7. Juni 1542. B. A. Papiers Nr. 53. Vgl. auch Lanz, Staatspapiere S. 318 f. Die beiden Briefe Serrants, die in der Ztschft. des Berg. Geschichtsvereins a. a. O abgedruckt sind, habe ich im Brüsseler Archiv ebensowenig wie den chiffiierten gefunden.

[5]) Below, S. 375 ff. Naves an Maria, 9. März 1542. B. A. Papiers Nr. 121.

selben die Erklärung abgegeben, dass Wilhelm den auf ihn fallen-
den Truppenanteil der Türkenhülfe stellen wolle, falls er ausdrücklich mit allen seinen Ländern in den beständigen Reichsfrieden
einbegriffen würde. Und wie sehr die Stände noch immer auf
seiner Seite standen, hatte die Königin daraus ersehen können,
dass diese ihm eine besondere Versicherung wegen Gelderns gegeben hatten.[1] Trotzdem sandte sie, als die Rüstungen einen immer
bedrohlicheren Charakter annahmen, an den Erzbischof von Mainz
als Reichskanzler ein Schreiben,[2] in welchem sie den Herzog heftig
des Friedensbruches anklagte, und ihn bat, vor den Ständen
ihre Gegenrüstungen zu entschuldigen.

Denn dahin war es schon gekommen. Zum Schutze ihres
Landes sah sie sich zu energischen Verteidigungsmassregeln genötigt.[3] In ihren Provinzen liess sie Truppen ausheben, in Deutschland beauftragte sie Hans von Sickingen und Konrad von Hanstein,
Knechte anzuwerben,[4] die Festungen liess sie in Verteidigungs-
zustand setzen. Im ganzen standen ihr Ende Juni 25000 Knechte
und 3000 Reiter zur Verfügung,[5] eine Zahl, die aber für den zu
erwartenden Ansturm der Feinde nicht ausreichte.

Unvorbereitet war sie also keineswegs; sie wusste genau, dass
sie in kürzester Zeit einen Einfall von seiten Wilhelms zu erwarten habe, und doch, kann man behaupten, ist sie durch Rossems
Zug nach Brabant überrascht worden. Die Erklärung hierfür liegt
darin, dass sie infolge der widersprechendsten Kundschaften darüber im Unklaren war, wohin die in Wilhelms Landen versammelten Scharen sich wenden würden. Bald hiess es, diese Rüstungen
gälten Holland und Utrecht, bald sprach man von einem Anschlage
auf Brabant und Lüttich, dann lauteten die Kundschaften wieder
ganz unbestimmt, sodass Maria sich genötigt sah, zum Schutz der
einzelnen Provinzen ihre Truppen zu zersplittern.[6]

So standen in Brabant nur 10—12 Fähnlein Knechte und 7

----

[1] Below, S. 384.

[2] Below, S. 399, A. 2. Dasselbe Schreiben auch an Köln im W. A. Reg. C.
pag. 507 Nr. 16. Am 6. Juli wiederholte sie ihre Bitte.

[3] Henne, Charles-Quint VII, 339 ff.

[4] Instruktion Marias für Reifferscheid an Philipp vom 22. Juni 1542 im M.
A. Kriegssachen 1542, I; Inhalt bei Dullor, Neue Beiträge S. 39.

[5] Buchholtz, Ferdinand der Erste, IV, 414; Henne, Charles-Quint VII,
347 ff.

[6] Henne, Charles-Quint VII, 335 ff; Gachard, Relation des troubles de
Gand S. 466.

bis 800 schlagfertige Reiter.[1]) Was wollte diese geringe Zahl aber
gegenüber der gewaltigen Truppenmasse bedeuten, welche unter
Rossems Führung am 16. Juli die Maas in der Nähe von Grave
überschritt[2]) Es konnte scheinen, als ob Maria dem Ansturm
der Feinde würde erliegen müssen, die von allen Seiten, Brabant,
Artois und Luxemburg, sie umklammerten, während dänische Schiffe
ihre Küsten bedrohten. Doch sie verlor in dieser gefährlichen
Lage den Mut nicht, obwohl sie bei ihren Unterthanen nicht die
genügende Unterstützung fand und sich der Mangel einer einheitlichen Leitung ihres Heeres fühlbar machte.[3]) Ihr Bestes wolle
sie thun, so schrieb sie ihrem kaiserlichen Bruder, um ihren Feinden
nach Kräften zu widerstehen.[4])

Ein Glück war es nun für sie, dass es ihr gelungen war, die
Verschwörung in Gent zu Gunsten Rossems zu entdecken und sich
der Haupträdelsführer, die auch in Antwerpen Verbindungen hatten,
zu bemächtigen. Rossems Anschlag auf Gent war hierdurch gescheitert, die Aussicht, die andern Städte zu überraschen, sehr
gering geworden, da dieselben jetzt sehr auf ihrer Hut waren.[5])

[1]) Lanz, Correspondenz II, 364, womit die Angabe von HenneVII, 348, über-
einstimmt.

[2]) Wilhelm an Johann Friedrich, 25. Juli 1542. W. A. Reg. C. pag. 507 Nr.
16. Wilhelms Räte an Cruser, 26. Juli 1542. D. A. C.-M. Verh. zu Geldern Nr.
47a. Auf clevischer Seite war man über den Aufbruch der Truppen sehr froh, da
sie dem Lande sehr zur Last gefallen waren. (Below, S. 415 f.) Über die Stärke
derselben differieren die Angaben nicht unwesentlich. Authentische Nachrichten
von Wilhelm und seinen Räten fehlen. Die Unzuverlässigkeit der Nachrichten,
die man auf burgundischer Seite erhielt, gesteht Praet selbst ein (Lanz, Correspondenz II, 367). In dem ersten Schreiben an Karl vom 17. Juli 1542 spricht
Maria von über 10 000 Mann, in ihrem zweiten Schreiben von demselben Datum
bestimmt sie diese Zahl genauer auf 10—12 000 Knechte und 1000—1500 Reiter.
Ihre spätere Angabe vom 20. Juli von 15—16 000 Knechten und 3—4000 Reitern
verwirft sie selbst in ihrer Instruktion für Falaix an Karl vom 28. August 1542
als übertrieben und beschränkt sie auf 12—14 000 Knechte und 2500 Reiter (B.
A. Papiers Nr. 53). In der Instruktion für Falaix an den König von England vom
17. August 1542 giebt sie nur 10 000 Knechte und 2000 Reiter an (B. A. Papiers
Nr. 69). Im Oktober 1542 bestellte der König Rossem zum Oberbefehlshaber über
20 Fähnlein, welche die Stärke von je 500 Mann haben sollten (D. A. J.-D. Familiensachen Nr. 17).

[3]) Juste, Vie de Marie de Hongrie S. 76 f. An Rossems Zuge nahmen auch
4—500 dänische Reiter teil. Über Marias Lage vgl. ferner Buchholtz, Ferdinand
der Erste, VII, 414, Henne, Charles-Quint VII, 342 ff. und ihr Schreiben an
Karl vom 25. August 1542 im B. A. Papiers Nr. 53.

[4]) Maria an Karl, 20. Juli 1542. B. A. a. a. O.

[5]) Henne, Charles-Quint VII, 352 ff.

Noch einen zweiten Erfolg hatte Maria zu verzeichnen; trotz
aller Bemühungen war es ihren Gegnern nicht gelungen, den
Bischof von Lüttich auf ihre Seite zu ziehen.[1])
Von noch grösserer Bedeutung war es aber für sie, dass es
Rossem infolge der Ängstlichkeit der clevischen Räte unmöglich
gemacht wurde, das gesamte Geschütz, das für ihn in Wilhelms
Landen bereitstand und das er zur Belagerung der Städte dringend
brauchte, mit nach Brabant zu führen;[2]) infolge dessen war das
Gelingen seines Unternehmens schon jetzt halb in Frage gestellt.
Nachdem er zwei Tage in der Umgegend von Cuyk, einem Orte an
der Maas, unthätig liegen geblieben war,[3]) brach er am 19. Juli auf.
Hatte er sich bisher der offenen Feindseligkeiten enthalten, so bezeichnete fortan Raub und Plünderung seinen Weg. Über Hoog-
straten, das sich ihm am 22 Juli ergab,[4]) ging sein Marsch auf
Antwerpen. Gegen den Willen Marias kam es unterwegs zu einem
Zusammenstosse mit ihren Truppen. Da dieselben zu schwach
waren, um den Feinden im offenen Felde Widerstand zu leisten,
hatte sie sich entschlossen, eine Schlacht so lange zu vermeiden,
bis sie alle ihre getrennten Scharen zusammengezogen hätte und die
Verstärkungen aus Deutschland angekommen wären, und inzwischen
die bedrohten Städte nach Kräften zu sichern. So hatte sie den
Herzog von Aerschot mit anderen Befehlshabern nach Antwerpen
geschickt, um die nötigen Verteidigungsmassregeln in die Hand zu
nehmen,[5]) und dem Prinzen von Oranien befohlen, sich von Bergen-
op-Zoom aus zu Schiff in die Stadt zu begeben. Ihrer Anordnung
zuwider schlug er den Landweg ein. Auf die Kunde hiervon zog
Rossem ihm entgegen und schlug ihn vollständig; nur mit Mühe
entkam der Prinz nach Antwerpen.[6]) Hier war unterdessen unter

---

[1]) Below, S. 493 ff. Über die Stellung Lüttichs in dieser Zeit vgl. Marneffe,
La principauté de Liège et les Pays-Bas au XVIe siècle Bd. II.
[2]) Below, S. 411 f.
[3]) Der Grund war wohl der, dass er immer noch gehofft hatte, das Geschütz
zu bekommen.
[4]) Below, S. 416.
[5]) Beschluss vom 22. Juli 1542. B. A. Papiers Nr. 130; gleichzeitige Zeitung
aus Antwerpen im B. A. Papiers Nr. 98. Henne, Charles-Quint VII, 368 ff.
[6]) Der Zusammenstoss fand am 26. Juli statt. Diesen Tag geben Wilhelms
Räte in ihrem Schreiben an Planitz vom 2. August 1542 an (W. A. Reg. C. pag.
510 Nr. 18). Die Nachricht Marias vom 26. Juli bei Henne, Charles-Quint VII.
371 f., A. 3 lässt sich hiermit sehr wohl vereinigen. Denn da sie an demselben
Tage von Mecheln aus an Roeulx ein Schreiben absendet (B. A. Papiers Nr. 130)

Aerschots Leitung die Stadt, so gut es in der Eile gehen wollte, befestigt worden; die Häuser und Klöster in der Vorstadt hatte man abbrechen und abbrennen lassen, da sie den Feinden als Stützpunkt dienen konnten. Als diese nun heranrückten, schlugen die Bürger die Aufforderung, sich zu ergeben, kurzweg ab; sie hätten dem Kaiser Treue geschworen und gedächten, ihren Eid zu halten. Noch hoffte Rossem, die Stadt durch Verräterei in seine Hand zu bekommen; doch da der Plan entdeckt wurde [1] und ihm die zur Beschiessung nötigen schweren Geschütze fehlten, so trat er den Rückzug an.

Nicht besser erging es ihm vor Löwen, wo er am 2. August eintraf.[2] Zwar hatte es den Anschein, als ob ihm die Einnahme der Stadt auf dem Wege der friedlichen Übereinkunft gelingen würde; doch im letzten Augenblick, als Rossem seinem Ziele sich schon nahe glaubte, setzten ihm die Bürger, angefeuert durch den Mut der Studenten, energischen Widerstand entgegen; unverrichteter Sache musste er abziehen. Da Maria jetzt von allen Seiten ihre verfügbaren Truppen heranzog, so blieb ihm, wenn er sich nicht den Weg verlegen lassen wollte, nichts anderes übrig, als schleunigst den Rückmarsch nach der französischen Grenze anzutreten. Allen Bemühungen der Königin zum Trotz setzte er seine Absicht durch und bewerkstelligte seine Verbindung mit dem Herzog von Orleans im August vor Yvoy.[3]

Der eigentliche Zweck des Unternehmens Rossems war also gescheitert. Die Einnahme der brabantischen Städte war missglückt, vor allem infolge des Mangels an schwerem Geschütz, der allerdings nicht ihm, sondern Wilhelms Ritten zur Last fiel. Diese schoben wieder die Hauptschuld auf die mangelhafte Führung;[4] jedenfalls hat auch der mannhafte Widerstand, auf den Rossem traf, das Seine zu dem Misslingen beigetragen.

---

in welchem sie von der Niederlage nichts weiss, so ist unter „ceste nuyt" die Nacht vom 26. zum 27. Juli zu verstehen. Sie hat demnach sofort nach Empfang der Nachricht dieselbe Büren mitgeteilt.

[1] Henne, Charles-Quint VII, 377 f.

[2] Ueber den Marsch Rossems von Antwerpen nach Löwen vgl. Lanz, Correspondenz II, 365 f. Ueber die Belagerung von Löwen vgl. Henne, Charles-Quint VII, 381 f. Im B. A. Papiers Nr. 69 zwei ausführliche Berichte über dieselbe, in W. A. Reg. C. pag. 507 Nr. 16 eine Zeitung als Beilage zu dem Schreiben Wilhelms an den Kurfürsten vom 18. August 1542.

[3] Henne, Charles-Quint VII, 383 ff.

[4] Below, S. 416, A. 3.

5

Durch den Abzug dieses Heeres hatte Maria in Brabant freie
Hand bekommen; sie konnte jetzt daran gehen, ihre Truppen,
welche durch die Ankunft der deutschen Verstärkungen auf 36000
Knechte und 4000 Reiter im ganzen angewachsen waren, zu
konzentrieren und selbst die Offensive zu ergreifen.[1]) Nach einer
Beratung mit den einzelnen Befehlshabern in Mons wurde der Beschluss gefasst, alle Truppen mit Ausnahme derjenigen, welche
zum Schutz der Grenzen nötig seien, in Gembloux zu vereinigen,[2])
um von hier aus mit der Hauptmasse, 24000 Knechten und 3000
Reitern, das Herzogtum Luxemburg wieder einzunehmen, welches
die Franzosen eben aufgegeben hatten.[3]) Das Unternehmen, das
zuerst von schnellem Erfolge begleitet war, stockte aber bald vor
Yvoy. Maria sah selbst das Nutzlose einer langen Belagerung ein
und gab den Befehl zum Rückzug.[4])

---

[1]) Maria an Karl, 18. September 1542. B. A. Papiers Nr. 53. Die Angabe
Praets von 80 Fähnlein Knechten bei Lanz, Correspondenz II, 364, stimmt hiermit
überein.

[2]) Beschluss vom 26. August 1542. B. A. Papiers Nr. 69. Schon vorher
hatte sich Maria für die Vereinigung ihrer Streitkräfte ausgesprochen (vgl. Henne,
Charles-Quint VIII, 26); die entsprechenden Befehle erliess sie aber erst am 26.
August (ebenda S. 27. A. 2).

[3]) Henne, Charles-Quint VIII, 20.

[4]) Ebenda S. 29 ff.

Sechstes Kapitel.

Marias Krieg mit Wilhelm.

Infolge des Aufgebens der Unternehmung gegen Yvoy trat an Maria die Frage heran, was weiter zu thun sei. Denn eine derartige Armee zu unterhalten, ohne grosse Erfolge auszurichten, würde, wie sie dem Seneschall vom Hennegau und Gouverneur von Luxemburg und Namur, Pierre de Werchin, schreibt, ihr nicht nur zur Last fallen, sondern könnte auch die Veranlassung zum Ausbruch von Unruhen unter den Truppen sein, da ihr das Geld zur Bezahlung derselben für diesen Monat fehle.[1]) Da sich nun die vollständige Eroberung des Herzogtums Luxemburg zur Zeit als unausführbar erwiesen hatte, was lag da für sie näher als ein Einfall in Jülich?

Zwar leugnete Wilhelm jede Beteiligung an dem Zuge Rossems, und sowie er ihr gegenüber schriftlich und mündlich durch Gesandte seine Schuldlosigkeit beteuert hatte,[2]) so hatte er auch noch kürzlich in Nürnberg vor den Reichsständen durch seine Räte die Beschuldigungen Marias als durchaus unbegründet zurückweisen lassen,[3]) jedoch durch die Briefe Serrants glaubte sie den gegenteiligen Beweis erbringen zu können.

---

[1]) Marias Schreiben vom 21. September 1542 im B. A. Papiers Nr. 98.

[2]) Below, S. 401 ff.

[3]) Instruktion für seine Gesandten bei Below, S. 410. Nach einem Protokoll im M. A. Reichstagsakten, Reichstag zu Nürnberg 1542, und einem Schreiben von Naves an Maria, 14. August 1542 im B. A. Papiers Nr. 120, fand dieser Vortrag schon am 10. August statt. Nach einer Bemerkung bei Below, S. 428, A. 1, wurde er dann am 16. August wiederholt, wahrscheinlich als Erwiderung auf die Anschuldigungen des Kaisers gegen Wilhelm, welche dieser durch Ferdinand den Ständen am 16. August hatte vortragen lassen. Viglius, der im Auftrage Marias nach Nürnberg reiste, kam erst nach Schluss des Reichstages, am 26. August, an. Sofort begab er sich nach Neumarkt, wo er Ferdinand und Pfalzgraf Friedrich nebst einer mündlichen Widerlegung der Entschuldigungen Wilhelms Kopien von den Briefen Serrants vorlegte (Viglius an Maria, 29. August 1542, B. A. Papiers Nr. 120. Ebenda ein Schreiben Marias an ihn vom 11. September 1542, in welchem

Schien demnach vom rechtlichen Standpunkte aus ein Einfall
in Wilhelms Lande wohl begründet zu sein, so durfte sie vom militärischen aus sogar auf einen grossen Erfolg rechnen. Das Land
ihres Gegners war von Truppen vollkommen entblösst.[1]) Der Haupt-
teil war mit Rossem nach Brabant gezogen, einen Teil hatte Wilhelm gegen die Türken geschickt, und schliesslich war Ende Juni
Planitz im Auftrage des Kurfürsten Johann Friedrich zu ihm gekommen und hatte den Rest für den Zug gegen Heinrich von
Braunschweig angeworben,[2]) sodass die Königin einen ernstlichen
Widerstand nicht zu besorgen hatte.

Nur ein Bedenken gab es noch für sie. Sie wusste nicht,
wie ihr Bruder sich zu diesem Plane stellen würde. Bei seiner
Abreise von Regensburg hatte er ihr für die Zeit seiner Abwesenheit ausdrücklich ein friedliches Verhältnis mit Wilhelm zur Pflicht
gemacht.[3]) Als sie ihm nun im Juni und Anfang Juli den baldigen Ausbruch des Krieges und die französischen Rüstungen ge-
meldet hatte, war der Bescheid von ihm eingetroffen,[4]) dass er ihr
zur Zeit nicht zu Hülfe kommen könne, ihr selbst vielmehr alles
zu thun überlassen müsse, was ihr notwendig erscheine. Wenn
auch diese letzten Worte den Krieg gegen Wilhelm nicht geradezu zu verbieten schienen, so wollte sie doch eine derartige wich-
tige Unternehmung nicht ohne die bestimmte Autorisation ihres
kaiserlichen Bruders beginnen. Aus dieser Ungewissheit wurde
sie nun durch ein Schreiben desselben gerissen, das sie am 24.
September in Namur, kurz nach dem Abzug ihres Heeres vor Yvoy,
empfing und das ihren Wünschen entgegenkam; ohne sie in ihrem
Entschlusse binden zu wollen, empfahl er ihr einen Einfall in
Frankreich oder die jülich-clevischen Lande, je nach den Umständen und der Möglichkeit der Ausführung.[5]) Nach eingehender
Beratung mit ihren Befehlshabern, welche sämtlich ihren Plan bil-
ligten, traf sie sofort die nötigen Anordnungen, da die vorge-

sie ihm Credenzbriefe zur gleichen Werbung an die 4 rheinischen Kurfürsten
schickt. Näheres habe ich hierüber nicht gefunden).
[1]) Wilhelms Räte an Planitz, 2. August 1542, vgl. S. 64, A. 6.
[2]) Instruktion für Planitz, 22. Juni 1542; Wilhelm an Johann Friedrich, 4.
Juli 1542. W. A. Reg. C. pag. 507 Nr. 16. Vgl. auch Below, S. 412.
[3]) Instruktion Karls für Praet, 6. August 1541, B. A. Papiers Nr. 69, erwähnt bei Buchholtz, Ferdinand der Erste, Bd. V, 4.
[4]) Karl an Maria, 13. August 1542. B. A. Papiers Nr. 53.
[5]) Karl an Maria, 2. September 1542. B. A. Papiers Nr. 53. Maria an Karl,
24. September 1542. B. A. Papiers Nr. 130.

schrittene Jahreszeit ein langes Zögern nicht gestattete [1] Durch
diesen Entschluss sah sich Maria nicht nur in die Lage versetzt,
an Wilhelm für den Einfall in Brabant Rache zu nehmen, sondern
es stand zu hoffen, dass dieser Krieg auch die so lange ersehnte
Lösung der geldrischen Streitfrage bringen würde.[2] Diese trat
hiermit in ihr letztes Stadium ein, das der Entscheidung durch die
Waffen; es fragte sich, ob sich die Erwartungen, welche Maria
an diesen Feldzug knüpfte, erfüllen würden.
Die ersten Erfolge schienen ihr recht zu geben. Am 4. Oktober überschritt das burgundische Heer in einer Stärke von 14000
Knechten und 2000 Reitern unter der Führung Roussu's die jülichsche Grenze.[3] Wie im Juli Maria, so wurde jetzt Wilhelm
überrascht, und noch in höherem Grade. An Warnungen hatte es
auch ihm nicht gefehlt. Noch war Rossem gar nicht in Brabant
eingefallen, da sprach man schon am clevischen Hofe davon, dass
sich die Burgunder für die französischen Truppenwerbungen an
Wilhelm rächen würden;[4] im August und September erhielt er
von allen Seiten Nachrichten, dass er in nächster Zeit einen Einfall zu erwarten habe.[5] Trotzdem traf er erst ernstliche Vorbe-

---

[1] Maria an den Seneschall, 27. September 1542. B. A. Papiers Nr. 30.

[2] Am 10. Januar 1543 schreibt Maria an Granvella, dass, wenn im Oktober
ihre Truppen nicht gemeutert hätten, der Kaiser jetzt Geldern hätte und Wilhelm
aus allen seinen linksrheinischen Besitzungen vertrieben worden wäre; jedoch die
Unzuverlässigkeit ihres Heeres hätte sie dieser sehr guten Gelegenheit, welche so
leicht nicht wiederkommen werde, beraubt (vgl. S. 54, A. 1).

[3] Lenz, Bucer, II, 103, A. 3. Wilhelm an Johann Friedrich, 4. Oktober 1542;
Wilhelms Räte in Düsseldorf an dsb., 5. Oktober 1542. W. A. Reg. C. pag. 510
Nr. 18. Noch am 4. Oktober warnt Wilhelm Arnheim vor den burgundischen
Scharen, die sich an der jülichschen Grenze versammeln, in der Absicht, in sein
Land einzufallen (Arnheimer Archiv, Landdagsrecessen met ingekomen stukken Nr. 2).
Die oben erwähnte Truppenzahl giebt Lüre in seinem Schreiben an Granvella
vom 2. Dezember 1542 (B. A. Papiers Nr. 120). Eine clevische Nachricht (Reck an
Fürstenberg, 30. Oktober 1542, W. A. Reg. C. pag. 513 Nr. 21) spricht von 13000
Knechten und 2500 Reitern. Auch Dolzig berichtigt seine erste Meldung von c.
20000 Truppen auf 30 Fähnlein Knechte und 3000 Reiter (Dolzig und Planitz
an Mila, 3. November 1542 nebst Zeitung. W. A. Reg. C. pag. 513 Nr. 20; Dolzig
und Planitz an Johann Friedrich, 4. November 1542. W. A. Reg. C. pag. 513
Nr. 21). Eine Zeitung vom 21. Oktober 1542, die Mila seinem Herrn am 23. Oktober schickt, spricht von 13000 Knechten und 4000 Pferden (W. A. Reg. C.
pag. 510 Nr. 18).

[4] Wilhelm an Johann Friedrich, 4. Juli 1542, vgl. S. 68, A. 2.

[5] Ebenda zwei Schreiben Wilhelms an denselben vom 18. und 28. August
1542. Wilhelms Räte an Cruser, 18. August, 3. und 10. September 1542. D. A.
C.-M. Vorb. zu Geldern Nr. 47a.

reitungen zum Schutze seines Landes und liess die Ritterschaft
aufbieten, als sich bereits, den Meldungen der Kundschafter nach,
grosse feindliche Heeresmassen an der Grenze von Jülich versammelten.[1]) Doch der Befehl kam zu spät. Brennend und sengend,
wie ihnen ihre Instruktion gebot,[2]) waren die Feinde in Jülich
bereits vorgerückt, ohne auf erheblichen Widerstand zu stossen.
Da die begonnenen Befestigungen der Städte noch nicht vollendet
waren und vor allem die nötigen Besatzungen fehlten,[3]) so fielen
in kurzer Zeit Düren, Jülich und Heinsberg in ihre Hand; auch
Sittard musste sich trotz tapferer Gegenwehr ergeben.[4]) In kaum
3 Wochen waren die Burgunder im Besitz der Hauptstädte von
Jülich; über 200 Schlösser und adlige Besitzungen waren nieder-
gerissen und ausgebrannt, Düren, Heinsberg und Süsteren mit feindlichen Truppen besetzt, die Befestigung von Sittard geschleift und
Jülich ein gleiches Schicksal zugedacht.[5])

Ein glänzender Erfolg war es für die kurze Zeit. Doch die
Arbeit war erst halb gethan, der schwerste Teil der Aufgabe
noch zu lösen. Es kam für die Burgunder jetzt darauf an, das
Erreichte gegen Wilhelm zu behaupten. Dieser hatte inzwischen
seine Gegenmassregeln getroffen. Alle seine Unterthanen bot er
zum Schutze seines Landes auf; seinen Städten befahl er, vor
einem feindlichen Ueberfalle auf der Hut zu sein.[6]) Gleichzeitig

---

[1]) Below, S. 434 f. Im D. A. C.-M. Zeitereignisse B. 7 befinden sich zwei
in Cleve ausgefüllte derartige Drucke vom 6. Oktober an die clevische und mär-
kische Ritterschaft. Ein Zettel bestätigt, dass die Räte zu Cleve zur Zeit der
Abfassung dieser Erlasse von dem bereits am 4. Oktober erfolgten Einfall noch
nichts wussten.

[2]) Henne, Charles-Quint VIII, 33 f.

[3]) Siehe das Schreiben der Räte vom 5. Oktober S. 69, A. 3.

[4]) Wilhelm an Johann Friedrich, 14. und 19. Oktober 1542. W. A. Reg. C
pag. 510 Nr. 18. Ebenda eine Zeitung aus Köln vom 7. Oktober. Vgl. auch die
oben S. 69, A. 3 angeführte Zeitung; vgl. ferner Ztschft. des Berg. Geschichtsvereins 23, 73 und Henne, Charles-Quint VIII, 36.

[5]) Zeitschrift des Berg. Geschichtsvereins 23, 121; Lacomblet, Archiv V, 44.
Etat des villes du pays de Juliers, 3. Dezember 1542 im B. A. Papiers Nr. 69.

[6]) Über das Aufgebot der Ritterschaft siehe oben A. 1; Aufgebot des
Stadt- und Landvolkes bei Below, S. 436 f. Am 7. Oktober 1542 wurden die
Bürger der märkischen Städte aufgeboten (D. A. C.-M. Zeitereignisse B. 7). Ebenda
eine Warnung Wilhelms vom 10. Oktober 1542, vor einem Ueberfalle auf der Hut
zu sein, an die „kleinen Städte." Ebenso werden die Städte Emmerich, Rees
u. a. am 19. Oktober 1542 gewarnt; derselbe Befehl erging an Wesel am 21. Oktober (D. A. C.-M. Verb. zu Geldern Nr. 50 b). Inbetreff der geldrischen Städte
siehe Nyhoff, Arnhem S. 211.

sandte er seine Werbekommissare nach ganz Nordwestdeutschland und liess Truppen anwerben. Anfang November hatte er bereits 30 Fähnlein Knechte und 2000 Reisige im Felde, sodass er jetzt zur Offensive übergehen konnte.[1]) Doch zu einem Zusammenstoss mit den Feinden kam es nicht mehr.

So lange von seiten Wilhelms nichts zu besorgen war, waren die burgundischen Truppen bereitwillig ihren Führern gefolgt und hatten in der reichen Beute für die mangelnde Bezahlung aus- reichenden Ersatz gefunden.

Als sie aber ihre Taschen gefüllt hatten und von den clevi- schen Rüstungen vernahmen, waren sie nicht gesonnen, sich einem Angriffe auszusetzen. Sie weigerten sich, länger im Felde zu bleiben; Boussu begab sich persönlich zu Maria nach Löwen und setzte sie hiervon in Kenntnis.[2]) Für diese war es eine fatale Situation. Beharrten die Truppen bei ihrem Entschlusse und traten sie den Rückzug an, dann war das ganze Unternehmen nutzlos gewesen und ihr obendrein ein neuer gefährlicher Gegner entstanden. In dieser Lage schien sich ihr die Möglichkeit zu bieten, durch Annahme eines Waffenstillstandes ihre Stellung in Jülich zu behaupten.

Bei dem Ausbruch des Krieges hatte sich Wilhelm an den Kurfürsten Hermann von Köln und den Landgrafen Philipp von Hessen mit der Bitte um Hülfe und Beistand gewandt.[3]) Mit diesem Ge- suche traf er bei beiden auf bereitwilliges Entgegenkommen. Wenn sich auch Philipp dem Kaiser verpflichtet hatte, so war er doch keineswegs geneigt, deshalb von dem Versuche einer friedlichen

---

[1]) Zeitschrift des Bergischen Geschichtsvereins, 23, 119. Siehe die oben S. 69, A. 3. erwähnte, von den sächsischen Räten am 3. November mitgeschickte Zeitung und ihr Schreiben vom 4. November. Ernst v. Lüneburg an Johann Friedrich, 25. Oktober 1542. W. A. Reg. C. pag. 512 Nr. 19. Ebenda Saldern an die Räte zu Wolfenbüttel, 19. Oktober 1542. Mila an Johann Friedrich, 23. Oktober 1542. W. A. Reg. C. pag. 510 Nr. 18. Dolzig an Johann Friedrich, 9. und 13. November 1542. W. A. Reg. C. pag. 513 Nr. 21 und 22.

[2]) Bereits am 4. Oktober, wo ihr Karl die Eröffnung des Krieges mitteilt, bittet sie ihn um Unterstützung mit Geld zur Bezahlung des Heeres (vgl. ihr Schreiben au diesen vom 4. Oktober und die folgenden vom 20. und 21. Oktober und 24. November 1542. B. A. Papiers Nr. 51. Vgl. auch ihr oben S. 54, A. 1. erwähntes Schreiben an Granvella vom 10. Januar 1543).

[3]) Lenz, Bucer II, 103, A. 3 Wilhelm an Philipp, 8. Oktober 1542. M. A. Jülich, Krieg um das Herzogtum Geldern.

Vermittelung, die er immer gewünscht hatte,[1]) wegen seiner Verbindung mit Karl abzusehen.

Für Wilhelm jetzt einzutreten, hatte er noch besondere Veranlassung. Durch die Neigung des Kurfürsten von Köln zur Reformation eröffnete sich dem Protestantismus am Niederrhein eine Aussicht, welche durch Wilhelms Stellung zur neuen Lehre[2]) und den ebenfalls zu erwartenden Übertritt des Bischofs von Münster an Bedeutung gewann. Die notwendige Voraussetzung für die Ausführung all dieser Pläne war die schnelle Herstellung des Friedens, der allein eine ruhige Fortentwickelung der Verhältnisse im Sinne der Protestanten erwarten liess. Zu diesem politisch-religiösen Moment kam für den Kurfürsten von Köln noch ein anderes; es handelte sich für ihn auch noch um die Wiederherstellung der freien Rheinschiffahrt, welche durch den Krieg nicht unerheblich beschränkt wurde.[3])

Das Schreiben Wilhelms traf die Fürsten in Warburg.[4]) Sofort schickten sie eine gemeinsame Gesandtschaft an Maria, durch welche sie ihre Vermittelung anboten.[5]) Infolge des Ausbruchs der Meuterei unter ihren Truppen konnte dieser nichts erwünschter kommen; sie liess ihre Bereitwilligkeit zu einem viermonatlichen Waffenstillstande aussprechen, der ihr Zeit zu neuen Rüstungen geben und durch die Bestimmung, dass inzwischen der gegenwärtige Besitzstand aufrechterhalten bleibe, die Behauptung von Jülich ermöglichen sollte.[6]) Sie gab den Gesandten einen entsprechenden Vertragsentwurf mit, den Wilhelm ratifizieren und bis zum 31. Oktober Boussu zukommen lassen sollte, der dann sofort den Rückzug antreten werde. Zu klar lag der Vorteil auf

---

[1]) Lenz, Bucer I, 304 ff. und 473.

[2]) Varrentrapp, Hermann von Wied S. 121. Wallenrod berichtet in der oben S. 51, A. 1. erwähnten Relation vom 20. Oktober 1541, dass Wilhelm für seine Person der protestantischen Religion und den Glaubenssachen nicht ungewogen sei, und spricht die Hoffnung aus, dass er, sobald sich Gelegenheit dazu biete, die papistischen Räte nicht mehr regieren lassen werde.

[3]) Die kölnischen Gesandten hatten einen entsprechenden Auftrag an Wilhelm (Werbung und Antwort Wilhelms als Beilage zu dessen Schreiben an Johann Friedrich vom 13. November 1542 im W. A. Reg. C. pag. 513 Nr. 22. Vgl. auch Below, S. 443, A. 1).

[4]) Über die Zusammenkunft in Warburg vgl. Lenz, Bucer II, 103, 114, 136, 162. Nähere Berichte über dieselbe habe ich nicht gefunden.

[5]) Lenz, Bucer II, 103, A. 3; Lacomblet, Archiv V, 43 f; Henne, Charles-Quint VIII, 62; Nyhoff, Arnhem S. 213.

[6]) Below, S. 439 f., A. 1.

Marias Seite, als dass sich Wilhelm zur Annahme eines derartigen
Abkommens hätte verstehen können, zumal jetzt, wo er hoffen
konnte, in kurzer Zeit sein Herzogtum zurückzuerobern.

Trotzdem
erklärte er den hessisch-kölnischen Abgeordneten, die ihn persönlich aufsuchten, seine Bereitwilligkeit zu einem Waffenstillstand,
der ihm aber nur das Mittel zum Frieden sein sollte und den er
von der Herausgabe des eroberten Gebietes seitens Marias oder
der Sequestration desselben durch die benachbarten Fürsten, bis
die Angelegenheit gütlich oder rechtlich entschieden sei, abhängig machte.[1])

Bevor aber Scepper, der im Auftrage der Königin die Bestätigung des Vertrages empfangen sollte, das Schreiben der Gesandten erhalten hatte, in welchem ihm diese die Ergebnislosigkeit
ihrer bisherigen Bemühungen mitteilten,[2]) hatten bereits die burgundischen Truppen in der Nacht vom 31. Oktober zum 1. November den Rückzug angetreten;[3]) es war Boussu nicht gelungen,
sie zum längeren Bleiben zu bewegen; der Streifzug einer
clevischen Schar in die Grafschaft Valkenburg[4]) hätte sie nur in
diesem Entschlusse bestärken können, da sie hieraus ersahen, dass
Wilhelm jetzt die Offensive zu ergreifen beabsichtige.

Hierdurch hatte sich die Lage vollkommen zu Gunsten
Wilhelms verändert; ohne Kampf war sein Land von der Hauptmasse der Feinde befreit; die wenigen Festungen, welche die
Burgunder noch besetzt hielten, hoffte er auch bald zurückzuerobern. Für Maria begann der Anfangs so glückliche Feldzug
eine ernste Wendung zu nehmen. Ihre Lage erschien ihr jetzt
so bedenklich, dass sie Granvella gegenüber von der Absicht ihres
Rücktrittes sprach.[5]) Jedoch dies war nur eine vorübergehende
Anwandlung von Schwäche und Verzagtheit, wie sie auch das
mutigste Herz einmal beschleicht; so leicht liess sie sich von der
Gefahr nicht niederdrücken. Sie that vielmehr, was sie thun

---

[1]) Below, S. 438 ff.
[2]) Below, S. 439, A. 1. Scepper an die Räte, 3. November 1542. D. A. J.-B.
Hgtm. Geldern Nr. 19, erwähnt von Lacomblet, Archiv V, 44.
[3]) Siehe das S. 69, A. 3. erwähnte Schreiben der sächsischen Räte vom 4. November. Planitz an Dolzig, 2. November, und Wilhelm an Johann Friedrich,
13. November 1542. W. A. Reg. C. pag. 513 Nr. 21 und 22.
[4]) Baumbach und Larsener an Philipp, 31. Oktober 1542. M. A. Jülich,
Krieg um das Herzogtum Geldern.
[5]) Maria an Granvella, 6. November 1542. B. A. Papiers Nr. 123. Inhalt
bei Buchholtz, Ferdinand der Erste, Bd. V, 7, A.

musste, wenn sie die noch in ihrer Hand befindlichen jülichschen Städte nicht preisgeben wollte. In aller Eile brachte sie eine neue Armee aus den in den verschiedenen Provinzen vorhandenen Truppenteilen zusammen und sandte sie nach Jülich.[1]) Boussu, der sie wiederum führte, gelang es auch, Heinsberg zu entsetzen und dadurch die Übergabe für längere Zeit zu verhindern. Als er aber in derselben Absicht auf Düren zog, kam es unterwegs in der Nähe von Aachen zu einem Zusammenstosse mit Wilhelms Truppen; obwohl der Verlust auf beiden Seiten ungefähr der gleiche war, so musste doch Marias Heer sich in ein befestigtes Lager bei Aachen zurückziehen und vorläufig seinen Plan aufgeben.[2]) Noch einen zweiten Erfolg hatte in diesen Tagen Wilhelm zu verzeichnen, indem ein Teil seines Heeres ein Dorf bei Herzogenbusch, in welchem sich die Feinde verschanzt hatten, stürmender Hand einnahm.[3]) Doch die Entscheidung brachten auch diesmal wie im Oktober nicht die clevischen Truppen, sondern die Marias durch ihre Weigerung, weiter zu marschieren. Alles Zureden war nutzlos, Ende November zogen sie nach Maastricht ab.[4]) Marias Unternehmen war hiermit nur halb gelungen, Düren infolge der Unzuverlässigkeit ihres Heeres und der Wachsamkeit des gegnerischen nicht verproviantiert. Für Wilhelm, der jetzt freie Hand im Felde hatte, schien daher die Belagerung dieser Stadt die grösste Aussicht auf schnelle Einnahme zu bieten, doch hinderte das eintretende schlechte Wetter die energische Inangriffnahme derselben. Erst kurz vor Weihnachten konnte man mit der Beschiessung beginnen; am 28. Dezember ergab sich die Festung.[5]) Da Wilhelms Heer gleichzeitig eine Verstärkung erfuhr, so schien nunmehr auch das Schicksal von Heinsberg besiegelt zu sein.

---

[1]) Wilhelm an Johann Friedrich, 21. November 1542. W. A. Reg. C. pag. 513 Nr. 23. Vgl. auch das Schreiben Marias vom 24. November oben S. 71, A. 2.

[2]) Zeitschrift des Berg. Geschichtsvereins 23, 119; Henne, Charles-Quint, VIII, 38.

[3]) Dolzig an Johann Friedrich, 21. November 1542. W. A. a. a. O.

[4]) Wilhelm und Dolzig an Johann Friedrich, 25. November 1542. W. A. Reg. C. pag. 513 Nr. 24. Vgl. auch das oben S. 71, A. 2 erwähnte Schreiben Marias vom 24. November.

[5]) Zeitschrift des Berg. Geschichtsvereins 23, 74 und 121. Dolzig an Johann Friedrich, 18. und 23. December 1542 und 10. Januar 1543, Dolzig und Planitz an denselben, 22. und 29. Dezember, Wilhelm an denselben, 29. Dezember 1542. W. A. Reg. C. pag. 513 Nr. 26, pag. 515 Nr. 24 und pag. 526 Nr. 35. Süsteren blieb noch bis Ende März in burgundischer Hand; für Wilhelm kam es infolge seiner geringen Bedeutung nicht ernstlich in Betracht.

Auf die erste Nachricht von dem burgundischen Einfall hatte
der Herzog ein eigenhändiges Schreiben an seinen Schwager, den
Kurfürsten Johann Friedrich, gerichtet mit der dringenden Bitte,
ihn in der Not nicht verlassen zu wollen.[1]) Es fragte sich, wie
sich dieser hierzu stellen würde.

Eigentlich hatte Johann Friedrich allen Grund zur Unzufriedenheit mit Wilhelm. Aus den Anerbietungen, die ihm von kaiserlicher Seite gemacht worden waren, hatte er gesehen, wie grossen
Wert Karl V. auf die Eroberung Gelderns lege; denn für seine
Verpflichtung, die Wahl Ferdinands anzuerkennen und den Herzog
von Cleve in der geldrischen Angelegenheit nicht zu unterstützen,
war ihm die Bestätigung seines Ehevertrages mit Sibylla vom Jahre
1527 und eine enge Verbindung der beiden Häuser zugesagt
worden.[2]) Welch ein Triumph wäre es für den Kaiser gewesen,
wenn er, wie Philipp, so auch das andere Haupt des schmalkaldischen Bundes, den Schwager Wilhelms, an sich gefesselt hätte!
Doch was ihm bei dem Landgrafen gelungen war, misslang ihm
bei diesem. Der Kurfürst war nicht gesonnen, diesen Lockungen
Folge zu geben und Wilhelm zu verlassen; seine Absicht ging vielmehr, eben unter dem Einfluss dieser Verhandlungen, dahin, mit
seinem Schwager ein festes Bündnis zu schliessen und sich als
Preis hierfür von ihm die Nachfolge seines Hauses in den jülich-
clevisch-geldrischen Ländern bestimmt und ausdrücklich zusichern
zu lassen.[3]) Nach der Antwort, welche Wallenrod auf sein zwei-
maliges Ansuchen erhielt,[4]) hatte es den Anschein, als ob diese
Angelegenheit in kürzester Zeit zur beiderseitigen Zufriedenheit
erledigt werden würde. Der Kurfürst schickte Wilhelm im De-

---

[1]) Vgl. sein Schreiben vom 4. Oktober oben S. 69, A. 3.

[2]) Instruktionen Johann Friedrichs für Wallenrod zur Werbung an Wilhelm,
19. Juli und 31. August 1541. W. A. Reg. C. pag. 497 Nr. 13. In Regensburg
führte Granvella mit Burkhardt diese Verhandlungen. Vgl. auch Ranke, Deutsche
Geschichte IV, 163 f. Im Jahre 1542 kam es zu einem vorläufigen Abkommen zwischen Ferdinand und Johann Friedrich, in welchem der letztere sich
verpflichtete, Ferdinand den Titel und die Reverenz eines Römischen Königs bis
Fastnacht 1543 zu geben unter der Bedingung, dass in der Zwischenzeit in der
Wahlsache und in anderen Sachen, unter denen auch die geldrische namentlich
genannt war, nichts Thätliches vorgenommen, sondern dieselben vielmehr zur Ver-
gleichung gebracht werden sollten (Johann Friedrich an Wilhelm, 13. Februar 1542.
W. A. Reg. C. pag. 505 Nr. 15; Below S. 448, A. 1).

[3]) Below, S. 294 ff.

[4]) Antwort Johann Friedrichs vom 4. August und 10. Oktober 1541. W. A.
Reg. C. pag. 497 Nr. 13 und 14.

zember 1541 einen Bündnisentwurf zu, der unter der Voraussetzung
der Erfüllung seines Wunsches diesem im Falle eines Angriffs
eine Unterstützung von 500 Reitern und 2000 Knechten und im
Notfall mit einem noch grösseren Heere zusicherte;[1]) der Herzog
brachte das Verlangen seines Schwagers vor die Stände. Doch
hier stiess er auf Widerstand, und wenn auch im März 1542
Wilhelm Planitz mitteilte, dass die jülichsche und clevische Landschaft ihre Zustimmung erklärt habe und die Bestätigung des Vortrages in kurzem erfolgen werde, so war trotz aller Zusagen des
Herzogs die Angelegenheit zur Zeit des burgundischen Einfalls
noch nicht zum Abschluss gekommen.[2])

Rechtlich verpflichtet war Johann Friedrich daher keineswegs,
seinem Schwager zu Hülfe zu kommen. Trotzdem entschloss er sich
dazu; die Rücksicht auf das verwandtschaftliche Band und die
damit zusammenhängenden territorialen Aussichten, deren er auch
ohne besondere Ratifikation sicher zu sein glaubte, überwogen alle
seine Bedenken, welche die Unterstützung Wilhelms gegen das
burgundische Haus in ihm hervorrufen musste.

Als Vlatten im Auftrage seines Herrn am 19. Oktober in
Wittenberg das Gesuch wiederholte,[3]) hatte sich der Kurfürst
bereits entschieden, 8 Fähnlein Knechte in der ungefähren Stärke
von 4000 Mann unter der Führung von Thumshirn zwei Monate
lang seinem Schwager zu unterhalten und seine Räte Dolzig und
Planitz zu ihm zu schicken, die mit ihm das Nähere über die An-
werbung und geeignete Verwendung dieser Truppen besprechen
und ihm mit ihrem Rate zur Seite stehen sollten.[4]) Die Aufbringung derselben machte aber mehr Schwierigkeiten, als Johann

---

[1]) Johann Friedrich an Wilhelm, 14. Dezember 1541. W. A. Reg. C. pag.
497 Nr. 14.

[2]) Zeitschrift des Berg. Geschichtsvereins 23, 110; Below, S. 360 f., 364 und
367 ff; Nyhoff, Arnhem S. 209. Wilhelm an Johann Friedrich, 6. und 7. Januar,
7. Juni und 4. Juli 1542. W. A. Reg. C pag. 505 Nr. 15 und pag. 507 Nr. 16.
Antwort Wilhelms auf die Werbung von Planitz, 30. März 1542. W. A. Reg. C.
pag. 505 Nr. 15. Über die Zustimmung verschiedener geldrischer Stände vgl.
Below, S. 295, A. 1.

[3]) Credenz Wilhelms für Vlatten, 11. Oktober 1542. W. A. Reg. C. pag.
510 Nr. 18; Vlatten an Wilhelm, 20. Oktober 1542. D. A. J.-B. Zeitereignisse
Nr. 3½. Er war auf der Hinreise bei Philipp (Johann Friedrich an Philipp,
26. Oktober 1542; Philipp an Johann Friedrich, 3. November 1542. M. A. Jülich,
Krieg um Geldern. Briefwechsel mit Kursachsen).

[4]) Instruktion vom 18. Oktober 1542. W. A. a. a. O. Eine kurze Notiz
über den Aufenthalt Dolzig's am clevischen Hofe hat schon Seckendorf, Commen-

Friedrich annahm und Wilhelm lieb war, da für den Türkenfeldzug
viele Truppen angeworben worden waren und der letztere auch
eine grosse Anzahl selbst in seinen Dienst genommen hatte. Die
Hoffnung von Planitz, in Lippe, dem verabredeten Musterungsplatze,
die genügende Menge zu erhalten, stellte sich bald als trügerisch
heraus; nicht mehr als 2 Fähnlein konnte er Ende November von
hier abschicken. In Übereinstimmung mit dem Herzog begab er
sich an den Niederrhein, wo es ihm gelang, die übrigen zu bekommen. Ende Dezember war das sächsische Regiment vollzählig
bei Wilhelm.[1]

Eine gewaltige Heeresmacht hatte dieser jetzt beisammen.[2]
Zwar hinderte das ungünstige Wetter, sowie es das Gelingen
des Anschlages auf Holland und Utrecht vereitelt hatte, auch
jetzt jede grössere Unternehmung[3]), jedoch die starke Truppenzahl gestattete eine lange Unthätigkeit nicht. Wenn auch die
Stände, allen voran die geldrischen, Wilhelm die nötigen Mittel
zur Kriegführung bewilligt hatten,[4] so verschlang die Unterhaltung
des Heeres grosse Summen und war für sein Land, das noch
unter den Folgen des burgundischen Einfalls zu leiden hatte, eine
schwere Last.[5]) Nachrichten von neuen drohenden Rüstungen
der Feinde gaben ihm die erwünschte Gelegenheit zu einem Streif-
zuge; zu Beginn des Jahres 1543 nahmen seine Scharen stürmender Hand das Schloss Arburg ein, das, wie es hiess, die Burgunder als Stützpunkt zu einem neuen Zuge gegen Jülich hatten

tarius historicus et apologeticus de Lutheranismo. Leipzig 1694, S. 403. Ueber
die Sendung von Thumshirn vgl. auch Lenz, Bucer III, 234.

[1]) Planitz an Johann Friedrich 11., 17., 19., 21. November und 4. Dezember 1542. W. A. Reg. C. pag. 513 Nr. 22, 24 und 25. Dolzig und Planitz an
Johann Friedrich, 29. Dezember 1542. W. A. Reg. C. pag. 526 Nr. 35.

[2]) Maria schätzte sie auf 10 000 Knechte und 2—3000 Reiter (Instruktion
für Glajon an Karl, 22. Dezember 1542. B. A. Papiers Nr. 53). In dem auf S.
54. A. 1 erwähnten Schreiben an Granvella vom 10. Januar 1543 spricht sie
von nur 8000 Knechten und 2000 Reitern. Diese letzte Zahl ist aber entschieden
zu niedrig gegriffen, da Wilhelm ja allein etwa 30 Fähnlein und 2000 Reisige auf-
gebracht hatte.

[3]) Dolzig und Planitz an Johann Friedrich, 22. Dezember; Wilhelm an
denselben, 23. Dezember 1542. W. A. Reg. C. pag. 513 Nr. 26.

[4]) Below, S. 444 ff; Nyhoff. Arnhem S. 213 f. und Henne, Charles-
Quint VIII, 37.

[5]) Dolzig an Johann Friedrich, 21. Dezember 1542. W. A. a. a. O.

besetzen wollen.[1]) Wichtiger aber als dieser Erfolg war die in
denselben Tagen erfolgte Ankunft der französischen Hülfstruppen.
Erst nach längerem Zögern hatte sich Franz zu ihrer Ab-
sendung entschlossen. Hatte schon das Scheitern des geplanten
französischen Bündnisses mit den Protestanten, welches Wilhelm
hatte vermitteln sollen, nicht ohne Rückwirkung auf das Verhältnis
beider Fürsten bleiben können, so glaubte der König infolge der
Weigerung seines Verbündeten, ihm die Garnisoner zuzuschicken,
auch noch gerechten Grund zur Beschwerde gegen ihn zu haben.
Immer wieder berichtete Cruser, dass Franz hierüber sehr un-
gehalten sei.[2]) Der unglückliche Ausfall des Unternehmens
Rossems musste dazu beitragen, diese Verstimmung noch zu er-
höhen. Als er daher die Bitte des Herzogs um Unterstützung erhielt,[3]) beschloss er zunächst ruhig den weiteren Verlauf der Ereignisse abzuwarten. Würde Wilhelm von den Feinden vollständig
zu Boden geworfen und leisteten ihm die deutschen Fürsten keine
Hülfe, so war er nicht gesonnen, sich seiner anzunehmen; denn
dann hätte er ihn mit einer grossen Truppenzahl unterstützen
müssen, die er viel besser in seinem eigenen Interesse in direktem
Kampfe gegen Maria verwerten konnte. Fand dagegen der Herzog
in Deutschland Beistand und gelang es ihm, sich der Gegner zu
erwehren, dann reichte eine geringe Truppenzahl oder auch Geld,
wie es der Herzog wünschte, vollständig aus.[4]) Als er nun von
Wilhelms Erfolgen im November und der bevorstehenden Ankunft
der sächsischen Hülfstruppen hörte, glaubte er, wenn er nicht den
Verdacht, als spiele er ein falsches Spiel,[5]) rechtfertigen wolle, mit

---

[1]) Wilhelm an Johann Friedrich, 23. Dezember 1542, vgl. oben S. 77, A. 3.
Die Räte zu Cleve an etliche clevische Ritterbürtige, 2. Januar 1543. D. A.
C.-M. Zeitereignisse B. 7. Zeitschrift des Berg. Geschichtsvereins 23, 74.
Wilhelm an Johann Friedrich, 10. Januar 1543. W. A. Reg. C. pag. 515 Nr. 27.
Räte bei Wilhelm zu Düren an die zu Clove, 8. Januar 1543. D. A. C.-M. Verh.
zu Geldern Nr. 52.
[2]) Berichte Crusers vom 18. und 26. Juni und 8. und 30. Juli 1542.
[3]) Schreiben der Räte an Cruser vom 6. und 25 Oktober, 11., 25. und 28.
November 1542.
[4]) Diese Ansicht entwickelt der Kanzler Brück dem Kurfürsten in einem
Schreiben vom 22. Dezember 1542 (W. A. Reg. C. pag. 513 Nr. 26).
[5]) Wie man am sächsischen Hofe über Franz dachte, zeigt der obige Brief
Brück's. So wenig Jeanne, so schreibt er, Wilhelm im Frühlinge zugeschickt
werden würde, so wenig werde auch Hülfe erfolgen oder beharrlich und lange
geleistet werden. Mandosse, der auch den Kurfürsten aufsuchen sollte, weigerte
sich dieser zu empfangen und liess ihn durch Dolzig und Planitz bescheiden (Johann

der Erfüllung seiner Versprechungen, welche er Cruser gegeben hatte,[1]) nicht länger zögern zu dürfen. Ende November traf am clevisehen Hofe die Nachricht ein, die Mandosse bald darauf bestätigte, dass Franz 10 000 Knechte und 2000 Reiter sofort nach Jülich schicken werde.[2]) Es waren die Truppen, welche im Sommmer Rossem nach Frankreich geführt hatte und die der König um so eher entbehren zu können glaubte, als sie ihm bereits Schwierigkeiten wegen der Bezahlung gemacht hatten.[3]) Die Ankunft derselben verzögerte sich noch bis zum Anfang Januar, wo Rossem mit 8000 Knechten und 1100 Reisigen im Amte Monjoie eintraf.[4])

Wilhelms Übergewicht im Felde war hierdurch entschieden; er verfügte jetzt über ein Heer, das ihm den Sieg zu verbürgen schien.[5]) Wie ernst Maria ihre Lage ansah, erhellt daraus, dass sie, die nichts eifriger als die kriegerische Entscheidung der geldrischen Streitfrage gewünscht hatte, jetzt für den Preis eines Friedens sogar zu einer Teilung Gelderns mit ihrem Gegner bereit gewesen wäre.[6])

Doch derselbe Umstand, der bisher immer die Königin an

Friedrich an Dolzig und Planitz, 23. Dezember 1542, Mandosso an Johann Friedrich, 5. Januar 1543. W. A. Reg. C. pag. 513 Nr. 26 und pag. 515 Nr. 27). Auch Dolzig hielt mit seinem Misstrauen über das lange Zögern des Königs nicht zurück (Dolzig an den Kurfürsten 29. Dezember 1542, W. A. Reg. C. pag. 526 Nr. 35).

[1]) Berichte Crusers vom 2. und 7. November 1542.

[2]) Ruble, Jeanne d'Albret S. 174 f. Dolzig an Johann Friedrich. 25. November, 5., 12. und 18. Dezember 1542, W. A. Reg. C. pag. 513 Nr. 24, 25 und 26. Im D. A. J.-B. Familiensachen Nr. 17 befindet sich über das Verhältnis Wilhelms zu Franz in den Jahren 1542 und 1543 ein längerer Bericht.

[3]) Bericht Crusers vom 30. November 1542; vgl. auch Henne, Charles-Quint VIII, 21, A. 2.

[4]) Vgl. Wilhelms oben S. 78, A. 1 erwähntes Schreiben vom 10. Januar 1543 und Henne, Charles-Quint VIII, 66.

[5]) Wenn auch die Nachricht in der Zeitschrift des Berg. Geschichtsvereins 23, 121, dass Wilhelm über 30000 Mann ohne sein Landvolk habe -- in Danzig sprach man sogar von 50000 (vgl. Altpreussische Monatsschrift 25, 437) -- übertrieben ist, so ist doch die Meldung Marias vom 10. Januar (vgl. oben S. 54, A. 1), dass Wilhelm nach der Ankunft des französischen Volkes etwa 15 000 Knechte und 3 000 Reiter im Felde haben werde, zu niedrig gegriffen; waren doch schon die französischen und sächsischen Hülfstruppen allein etwa 13000 Mann stark.

[6]) Vgl. das S. 54, A. 1 erwähnte Schreiben Marias vom 10. Januar und ihren Brief an Granvella vom 28. Januar im B. A. Papiers Nr. 124.

der vollen Ausnützung ihrer Erfolge gehindert hatte, sollte nun
auch für ihren Gegner verhängnisvoll werden. Die französischen
Scharen waren erst kurze Zeit bei Wilhelm, da brach unter ihnen
wegen Soldmangels Meuterei aus; ehe man mit ihnen verhandeln
konnte, hatte sich der grösste Teil verlaufen, und, was noch
schlimmer war, auch unter den übrigen Truppen begann sich jetzt
eine bedenkliche Unzufriedenheit bemerkbar zu machen, da infolge
der Schwierigkeit, welche die Aufbringung der von den Ständen
bewilligten Geldsumme machte, das nötige Geld zu ihrer Bezahlung
fehlte.[1] Dies war auch der Hauptgrund, weshalb Wilhelm mit
seinen Truppen, die sich immer noch auf 30 Fähnlein Knechte
und 1500 Reisige im Felde beliefen, nichts Ordentliches ausrichten
konnte; er musste sich auf Streif- und Plünderungszüge beschränken. So sandte er die eine Schar nach Holland und Utrecht;
doch die Burgunder traten ihr in einer solchen Stärke entgegen,
dass sie den Rückmarsch antreten musste. Zwar gelang es dafür
der anderen Abteilung, das Land Falkenberg zu brandschatzen
und durch die Besetzung von Sittard Heinsberg im Schach zu
halten; doch in der Belagerung dieser Stadt machte man auch
jetzt keinen entscheidenden Fortschritt.[2]

Ebensowenig führten die Unterhandlungen zu einem Resultate,
welche den Kriegsereignissen zur Seite gingen und nun schon seit dem
Ende des vergangenen Jahres sich hinzogen.[3] Von Anfang an hatten
dieselben wenig Aussicht auf Erfolg, da die Ziele, welche beide
Parteien erstrebten, zu verschieden waren. Maria wollte nur einen

---

[1] Bericht, vgl. S. 79, A. 2. Oranien an Maria, 2. Februar und Granvella
an dieselbe, 10. Februar 1543 im B. A. Papiers Nr. 99 und 124. Wilhelm an
Johann Friedrich, 11. Februar und Dolzig an denselben, 17. Februar 1543 im W.
A. Reg. C. pag. 515 Nr. 27 und pag. 519 Nr. 29. Wilhelm an die Räte zu Cleve,
9. Februar und die Räte zu Cleve an Wilhelm, 9. Februar 1543 im D. A. C.-M.
Verh. zu Geldern Nr. 47a und 47e. Below, S. 450, A. 2. Blomendal an Olisleger,
10. Januar 1543 im D. A. J.-B. Hgtm. Geldern Nr. 33.

[2] Wilhelm an Johann Friedrich, 23. Januar 1543. W. A. Reg. C. pag. 515
Nr 27. Vgl. die oben A. 1 erwähnten Schreiben von Wilhelm und Dolzig
an denselben vom 11. und 17. Februar. Dem Befehl des Kurfürsten entsprechend waren Dolzig und Planitz Anfang Januar von Wilhelm abgereist, da ja
durch die Ankunft der sächsischen Hülfstruppen ihre Aufgabe erfüllt schien. Auf
die Bitte Wilhelms schickte er dann Ende Januar wieder Dolzig zu ihm, um ihm
bei den Unterhandlungen ratend zur Seite zu stehen (Dolzig und Planitz an Johann
Friedrich, 10. Januar 1543; Wilhelm an dsb., 4. Januar 1543; Instruktion Johann
Friedrichs für Dolzig, 28. Januar 1543. W. A. Reg. C. pag. 515 Nr. 27).

[3] Lenz, Bucer II, 103 f. A. 3. Henne, Charles-Quint VIII, 62 ff.

kurzen Waffenstillstand, der es ihr ermöglichte, bei der Ankunft des Kaisers mit neuen Kräften in den Kampf zu treten;[1]) für Wilhelm dagegen war ein derartiger Vorschlag unannehmbar, da er ihn genötigt hätte, seine Truppen in der Zwischenzeit zu unterhalten, wozu ihm die Mittel fehlten; er begehrte eine mehrjährige Waffenruhe, während welcher alle Streitfragen entschieden werden sollten.

Die neuen Vermittelungsversuche reichten mit ihrem Ursprung bis in den Oktober 1542 zurück. Der Kurfürst Johann Friedrich hatte Dolzig und Planitz, wie an den Kurfürsten von Köln, so auch an die von Trier und Pfalz Schreiben mitgegeben, in welchen er sie bat, sich an den Friedensverhandlungen zu beteiligen.[2]) Die Verhandlungen Hermanns und Philipps schienen aber ihre Teilnahme unnötig zu machen; erst als dieselben sich zerschlugen, wandten sie sich mit dem Kurfürsten von Mainz an Maria.[3]) Zu den allgemeinen Erwägungen, welche ihnen ein weiteres Anwachsen der burgundischen Macht am Niederrhein nicht rätlich erscheinen liess, kam für sie dasselbe Moment, das auch schon bei Hermann mitgewirkt hatte, der Wunsch, die durch den Ausbruch des Krieges verursachte Störung der Rheinschiffahrt zu beseitigen. Ihr Gesuch fiel bei der Königin auf günstigen Boden; es war die Zeit, wo der abermalige Abzug ihrer Truppen ihre Erfolge in Jülich gänzlich in Frage stellte. Sie erklärte den Fürsten ihre Bereitwilligkeit zu Verhandlungen, und als im Auftrage des Landgrafen Philipp und des Kurfürsten von Köln, die sich trotz des Misslingens ihrer ersten Bemühungen von einem neuen Vermittelungsversuch nicht hatten abschrecken lassen, Dr. Löwenberg bei ihr in derselben Angelegenheit erschien, versprach sie ihre Räte auf den 12. Januar nach Aachen, wo auch die anderen Gesandten sich einfinden sollten, zu schicken.[4]) Obwohl nun Wilhelm anstatt der

---

[1]) Der Unausführbarkeit ihres Wunsches, Geldern mit Wilhelm für den Preis eines Friedens zu teilen (vgl. oben S. 79), war sich Maria selbst am besten bewusst. Es war nur eine vertrauliche Mitteilung an Granvella; in den Verhandlungen liess sie nichts davon verlauten.

[2]) Johann Friedrich an die Kurfürsten von Köln und Pfalz, 18. Oktober, an den von Trier, 20. Oktober 1542. W. A. Reg. C. pag. 510 No. 18.

[3]) Der Kurfürst von Trier an Johann Friedrich, 2. November 1542; Ludwig von der Pfalz an denselben, 7. November 1542. W. A. Reg. C. pag. 513 No. 20 und 21. Am 7. November schreiben die 3 Kurfürsten von Trier, Pfalz und Mainz an Maria, wie sich aus deren Antwort vom 30. November ergiebt (M. A. Jülich. Krieg um das Hgtm. Geldern).

[4]) Ebenda die Antwort Marias vom 1. Januar 1543 an Löwenberg.

von ihr für die ganze Zeit der Verhandlungen verlangten Waffenruhe nur eine solche von acht Tagen bewilligte, und Marias' Gesandte nicht nach Aachen kamen, sondern in Maastricht blieben,' so war man doch Ende Februar so weit, dass man mit den eigentlichen Beratungen beginnen konnte. Sogleich jedoch zeigte sich die Unmöglichkeit, die Gegensätze zu überbrücken. Wilhelm verlangte einen vierjährigen Waffenstillstand und Zurückgabe des von Maria eroberten jülichschen Gebietes. Marias Räte wollten aber nur einen einjährigen Vertrag zugestehen und forderten Wiederherstellung des Besitzstandes vor der Löwener Verhandlung im Oktober 1542, eine Bedingung, die für den Herzog das Aufgeben aller seiner seit dem November errungenen Erfolge bedeutete. Unter diesen Umständen war an eine Verständigung nicht zu denken; Anfang März traten die Abgeordneten der Königin und der Fürsten den Heimweg an.

Während es aber im Januar Wilhelm gewesen war, welcher, im Besitze einer gewaltigen Heeresmacht, die geringere Neigung zu Unterhandlungen gehabt hatte, so war es jetzt Maria, welche seit Mitte Februar das Interesse an ihrem Gelingen verloren und nur, um den Ständen gegenüber den Schein der Friedfertigkeit zu bewahren, sie nicht schon eher abgebrochen hatte. Der Grund lag darin, dass sich die Lage wieder zu ihren Gunsten verändert hatte. War schon der Abschluss des Bündnisses zwischen dem Kaiser und Heinrich VIII.[1] für sie von Wichtigkeit, insofern es alle Hoffnungen vereitelte, welche man auf clevischer Seite noch auf den König hatte setzen können,[2] so war für sie der Abzug der französischen Truppen von Wilhelm und die in seinem Heere ausgebrochene Unzufriedenheit von weit grösserer Bedeutung. Über diese Vorgänge war sie sehr genau orientiert; alle Nachrichten bestätigten den Ausbruch der Meuterei im Lager ihres Gegners.[3] So war es auch in der That. Am meisten machten Wilhelm die sächsischen Scharen zu schaffen.[4]

---

[1] Henne, Charles-Quint VIII, 59 ff.

[2] Ruble, Jeanne d'Albret S. 174.

[3] Vgl. oben S. 80, A. 1. Büren an Maria, 3. Februar 1543; Kundschaft vom 8. März 1543. B. A. Papiers Nr. 131 und Audience, liasse No. 14.

[4] Vgl. die oben S. 80. A 1 angeführten Schreiben vom 9. Februar im D. A. Die Räte zu Cleve an Wilhelm, 18. Februar 1543. D. A. C.-M. Verh. zu Geldern No. 47e. Dolzig an Johann Friedrich, 28. Februar. W. A. Reg. C. pag. 515 No. 27.

Trotz aller Bitten seines Schwagers hatte sich Johann Friedrich nicht entschliessen können, ihm seine Hülfstruppen länger, als die festgesetzten zwei Monate hindurch, zu unterhalten.[1] Abgesehen von den nicht unerheblichen Kosten, welche ihm aus ihrer Besoldung erwuchsen, bewog ihn hierzu die Rücksicht auf den Kaiser, die schon in der Bestimmung, dass Wilhelm sie nur zur Wiedereroberung seines Herzogtums, nicht gegen Marias Lande verwenden solle, zum Ausdruck gekommen war.[2] Die Audienz, welche Burkhardt Anfang Januar bei Granvella hatte, in welcher dieser gegen den Kurfürsten wegen der Hülfeleistung nicht nur heftige Vorwürfe fallen, sondern es auch an Drohungen nicht fehlen liess, musste ihn in seinem Entschlusse nur bestärken.[3] Was nützte es Wilhelm, wenn Johann Friedrich seine Truppen bei ihm liess, ohne sie weiter zu bezahlen?[4] Die Folge war, dass diese sich für den Ausfall ihres Soldes an seinen Unterthanen schadlos hielten.[5] Um den Ausbruch einer grossen Meuterei zu verhüten, sah sich Wilhelm genötigt, sein Heer in einzelnen

---

[1] Wilhelm an Johann Friedrich, 23. Dezember 1542 und 23. Januar 1543. Johann Friedrich an Wilhelm, 7. Januar und 3. Februar, an Dolzig 4. März 1543. W. A. Reg. C. pag. 513 No. 26 und pag. 515 No. 27.

[2] Johann Friedrich an Dolzig und Planitz, 19. November 1542. W. A. Reg. C. pag. 513 No. 23. Ehe die Räte diesen Bescheid aber erhielten, waren bereits zwei sächsische Fähnlein gegen Holland abgerückt (Dolzig an Johann Friedrich, 5. Dezember 1542. W. A. Reg. C. pag. 513 No. 25).

[3] Bericht über die Audienz am 7. Januar 1543 im W. A. Reg. C. pag. 526 No. 35. Ganz ohne Einfluss auf die Haltung des Kurfürsten wird wohl auch die Bemerkung Brücks in seinem oben S. 78, A. 4 erwähnten Schreiben nicht geblieben sein, dass Johann Friedrich, da man nicht höre, dass Wilhelm oder seine Unterthanen zu Gottes Wort und der christlichen Verständnis Lust und Willen habe, um eines abgöttischen Volkes willen, das Gott nicht achte noch vor Augen habe, nicht in dasselbe Unglück falle wie die jülichschen Unterthanen, die in grosser Not sein sollen. Bald darauf konnte Dolzig allerdings melden, dass Wilhelm zu Weihnachten das Abendmahl unter zweierlei Gestalt empfangen habe, sodass der Kurfürst wieder Hoffnung schöpfte, seinen Schwager zum Übertritt zu bewegen (Zeitschrift des Berg. Geschichtsvereins 23, 121. Dolzig an Johann Friedrich, 29. Dezember 1542; Johann Friedrich an Dolzig und Planitz, 10. Januar 1543. W. A. Reg. C. pag. 526 No. 35).

[4] Johann Friedrich an Thumshirn, 16. März 1543. W. A. Reg. C. pag. 515 No. 27a.

[5] Wie schlimm die sächsischen Truppen es trieben, zeigt ein Schreiben von Heresbach an die Räte zu Cleve vom 18. Februar 1543 im D. A. C.-M. Vorh. zu Geldern No. 47e. Die sächsischen Knechte, so schreibt er, betragen sich wie Feinde, nur mit dem Unterschiede, dass sie nicht sengen und brennen, obwohl sie damit auch drohen, falls man ihnen ihre Forderungen nicht erfüllen will.

Haufen über sein Land zu verteilen.[1]) Und gerade jetzt brauchte
er mehr als je zuverlässige Truppen, da von burgundischer Seite
wieder ein neuer Einfall drohte.

Die Veranlassung hierzu gaben Maria die Berichte ihres Be-
fehlshabers in Heinsberg, der ihr seine Not und die Unmöglichkeit, die Stadt noch lange zu halten, schilderte.[2]) Wollte sie ihren
letzten Stützpunkt in Jülich nicht preisgeben, so musste sie ihm
zu Hülfe kommen. Sie entschloss sich daher, unter der Führung
des Herzogs von Aerschot[3]) eine Armee zum Entsatze hinzusenden.
Eile that not, da Anfang März aus Heinsberg die Nachricht kam,
dass die Stadt nur noch zwei Wochen die feindliche Belagerung
werde aushalten können.[4]) Am 20. März brach das burgundische
Heer in der Stärke von 10,000 Knechten und über 2000 Reisigen
auf.[5]) Marias Absicht ging dahin, durch Aerschot zunächst Heinsberg entsetzen und dann einen neuen Einfall in Jülich unternehmen
zu lassen, während gleichzeitig der Prinz von Oranien in das
Herzogtum Cleve einrücken sollte. Doch zu diesem letzten Unternehmen kam es überhaupt nicht, das erste misslang nach anfangs
glücklichem Erfolge.

Die burgundischen Rüstungen waren Wilhelm nicht entgangen;
er zog seine Truppen, die er mit eben angekommenem französi-
schem Gelde zum Teil zufrieden stellen konnte,[6]) zusammen, berief seine Lehnsleute und nahm noch neue Knechte an.[7]) Doch

---

[1]) Dolzig an Johann Friedrich, 28. Februar 1543 nebst beigelegter Zeitung
im W. A. Reg. C. pag. 515 No. 27.

[2]) Henne, Charles-Quint VIII, 72.

[3]) Lacomblet, Urkundenbuch IV, 674.

[4]) Guasto an Hoogstraeten, 4. März 1543, B. A. Papiers Nr. 99, erwähnt von
Henne, Charles-Quint VIII, 72, A. 2.

[5]) Ueber die Schlacht von Sittard vgl. an gedruckter Litteratur Lacomblet,
Archiv V, 46 f; Henne, Charles-Quint VIII, 73 ff; Ruble, Jeanne d'Albret S. 177 ff.,
Lacomblet, Archiv V, 168 ff; Ztschft. des Berg. Geschichtsvereins 23,75 f. und
128 ff.; Below, S. 461; Lanz, Correspondenz II, 382 ff., Liliencron, Die historischen
Volkslieder der Deutschen vom 13. bis 16. Jahrhundert IV, 211 ff. An Akten
kommen in Betracht Maria an Granvella, 25. und 26. März (B. A. Papiers Nr. 124);
Wilhelm an Johann Friedrich, 25. März (W. A. Reg. C. pag. 519 Nr. 29); der
gleichzeitige Bericht von Dolzig ist der in der Ztschft. 23, 128—130 gedruckte;
Wilhelm an Johann Friedrich, 29. März; Dolzig an dsb., 4. April nebst Zeitung
(W. A. Reg. C. pag. 515 Nr. 27a und pag. 519 Nr. 29.).

[6]) Dolzig an Johann Friedrich, 25. und 29. März; Wilhelm an denselben,
7. April. W. A. a. a. O.

[7]) Nyhoff, Arnhem S. 215. Aufgebot der clevisch-märkischen Ritterschaft

die Feinde waren schneller als er; ehe sein Heer versammelt war, hatten sie Heinsberg mit Proviant, Geschütz und Munition versehen und sich vor Sittard, das eine clevische Schar besetzt hielt, gelagert. Am 24. März rückte Wilhelms Hauptheer, 18 Fähnlein Knechte¹) und über 1000 Reiter, heran. Es kam zum Zusammenstoss. Siegreich drang die burgundische Reiterei vor; nach Ruremund kam bereits die Nachricht von der Niederlage der clevischen Truppen. Doch der Tapferkeit der Reisigen Aerschots entsprach die seines Fussvolkes nicht; als die ersteren von der Verfolgung der Feinde auf das Schlachtfeld zurückkehrten, hatten die Knechte in wilder Flucht dasselbe verlassen. Der Kampf war entschieden, Wilhelm der Sieger. Der feindlichen Reiterei blieb nichts anderes übrig, als ebenfalls den Rückzug anzutreten.

Für Wilhelm war der glückliche Ausgang der Schlacht von der grössten Bedeutung.²) Sein Land war hierdurch vor einem neuen Einfalle bewahrt, dem es im entgegengesetzten Falle wehrlos preisgegeben gewesen wäre, und wer vermag zu sagen, welches die weiteren Folgen einer Niederlage Wilhelms gewesen wären, ob er nicht in kurzer Zeit bei der Unzuverlässigkeit seiner Truppen zum Frieden gedrängt worden wäre. Jetzt war daran nicht zu denken. Vielmehr begehrte Maria, die von allen Seiten einen neuen Ansturm der Feinde befürchten zu müssen glaubte, nichts sehnlicher, als einen Waffenstillstand, und sie, die eben erst die Unterhandlung der rheinischen Kurfürsten und des Landgrafen durch ihre masslosen Bedingungen zum Scheitern gebracht hatte, setzte alle ihre Hoffnungen auf die Vermittelungsversuche der Stände in Nürnberg.

Der Beginn derselben reicht bis in den Februar zurück, und zwar war es Philipp, der durch seine Gesandten bei Granvella für Wilhelm ein gutes Wort eingelegt hatte.³) Diese Bemühungen schienen aber noch weniger Aussicht auf Erfolg als die gleichzeitigen Ver-

---

durch Wilhelm vom 3. März 1543 in D. A. C.-M. Verh. zu Geldern Nr. 50 f; vgl. auch Below, S. 469, A. 2.

¹) Nach dem Berichte Dolzigs vom 4. April (siehe A. 2) wären sie nur 5000 Mann stark gewesen.

²) Die unmittelbare Folge des Sieges war für Wilhelm die Einnahme von Süsteren, das bis jetzt noch in burgundischer Hand gewesen war. Dolzig an Johann Friedrich, 4. April 1543. W. A. Reg. C. pag. 519 Nr. 29.

³) Philipp an die Räte in Nürnberg, 12. Februar; die Räte an Philipp, 17. und 20. Februar, Walter an Philipp, 28. Februar 1543. M. A. Reichstagsakten, Reichstag zu Nürnberg, Casseler Akten, Bd. I.

handlungen in Aachen zu bieten. Granvellas Forderungen waren noch schroffer als diejenigen, welche Marias Räte daselbst vorbrachten; als unumgängliche Voraussetzung für einen Vertrag bezeichnete er die Abtretung von Geldern und Zütphen durch Wilhelm. Bald nach seiner Ankunft in Nürnberg hatte er dieser Ansicht offen Ausdruck gegeben, als er die Klagen und Beschwerden von Marias Gesandten, welche am 31. Januar Wilhelm der Unterstützung an dem Zuge Rossems beschuldigt und als Beweis hierfür Kopieen der beiden Schreiben Serrants vorgelegt hatten, in seiner Proposition an die Stände kurz wiederholt und ebenfalls mit der Bitte um Unterstützung gegen den Herzog geschlossen hatte.[1] Die Berechtigung dieser Anschuldigungen schien Wilhelm dadurch, dass er dieselben über einen Monat unbeantwortet liess, selbst einzugestehen; die Räte der Königin unterliessen nichts, um gegen ihn zu wühlen und sein Schweigen zu ihren Gunsten auszulegen.[2] Am 2. März trafen endlich die clevischen Gesandten ein, nachdem sie das von Ferdinand erbetene Geleit erhalten hatten.[3] Dadurch dass sie am 12. März in einer längeren Erwiderung auf das Vorbringen von Marias Räten antworteten und zum Schluss die Stände um Beistand baten,[4] ein Ansuchen, das sie in den folgenden Tagen wiederholten,[5] war diesen die Möglichkeit zur Vermittelung gegeben. Einen Tag, nachdem die clevischen Räte auf die Gegenausführungen der burgundischen Gesandten von neuem für ihren Herrn eingetreten waren,[6] fassten sie den Beschluss, Ferdinand und Granvella zum Zwecke der gütlichen Beilegung des Krieges aufzusuchen.[7] Jedoch die erste Zeit waren ihre Bemühungen erfolglos.[8] Auf burgundischer Seite be-

---

[1] Instruktion Marias für ihre Gesandten bei Lanz, Staatspapiere S. 316 ff. Ihre Werbung im Auszug in der Ztschft. des Berg. Geschichtsvereins 23, 93 ff. Die Proposition Granvellas vom 5. Februar bei Sleidan, De statu religionis II, 297; vgl. auch Below, S. 451, A. 1.

[2] Schreiben der Gesandten Marias vom 2. März im B. A. Papiers Nr. 122.

[3] Below, S. 447 und 451. Faltermeier an Wilhelm, 23. Februar. D. A. J.-B. Reichstagsverhandlungen Nr. 13 C.

[4] Below, S. 451 ff, A. 2 und 455, A 3.

[5] Am 17. und 18. März, vgl. Below, S. 459 f. Am 18. März baten sie die Protestanten um Unterstützung (Bericht im M. A. Reichstagsakten, Reichstag zu Nürnberg, Casseler Akten, Bd. IV).

[6] Below, S. 455, A. 3.

[7] Below, S. 459 ff.

[8] Auch die weiteren Verhandlungen der hessischen Räte mit Granvella und Naves waren vergeblich (die Räte an Philipp, 5. März 1543. M. A. Reichstag zu

stand man auf der unbedingten Abtretung Gelderns, eine Forderung, welche der Herzog ebenso wie die von den Ständen vorge-
schlagene Sequestration verwarf.[1]) Ebensowenig gelang es dem
für diese Angelegenheit besonders eingesetzten Ausschuss, die
Parteien einander näherzubringen. Die beiden Länder für die
Dauer der rechtlichen Verhandlung der Streitfrage aufzugeben,[2])
war Wilhelm noch weniger geneigt, als sie sequestrieren zu lassen;
einmütigen Widerstand auf beiden Seiten fand der Vorschlag,
Wilhelm solle Geldern und Zütphen vom Kaiser zu Afterlehen
nehmen.[3])

Hiermit war jede Möglichkeit zu einer definitiven Verständigung in der geldrischen Streitfrage geschwunden; notgedrungen
kam der Ausschuss so auf den Antrag eines Waffenstillstandes zurück, und hiermit fand er bei Granvella mehr Entgegenkommen.

Der unglückliche Ausgang der Schlacht von Sittard liess für
Maria die Annahme eines kurzen Waffenstillstandes als dringend
geboten erscheinen. Hiermit stiess man aber wieder auf clevischer
Seite auf Widerstand. Die Gesandten Wilhelms weigerten sich,
dem Vorschlage des Ausschusses entsprechend, Sittard den Burgundern als Pfand für die Dauer der Waffenruhe zu übergeben,
da diese dann mit Heinsberg die beiden Hauptfestungen von Jülich
in ihrer Hand gehabt hätten.[4]) Als jedoch Granvella auf dieser
Forderung bestand,[5]) schienen diese Vermittelungsversuche infolge
des Schlusses des Reichstages völlig gescheitert zu sein. Am 26.
April stellte der Ausschuss den clevischen Gesandten eine Schrift

---

Nürnberg, Casseler Akten, Bd. II. Ueber die Audienz bei Granvella am 24. März
vgl. Lenz, Bucer III, 263 f. Walter an Philipp, 30. März 1543. M. A. Reichstagsakten, Reichstag zu Nürnberg, Casseler Akten, Bd. III).

[1]) Bericht über die Verhandlungen vom 28. März mit Wilhelms Gesandten
im D. A. J.-B. Hgtm. Geldern Nr. 24. Am 5. und 9. April fanden neue Verhandlungen mit ihnen statt (vgl. Below, S. 462 f., A. 1 und die Akten im D. A.
a. a. O.).

[2]) Vgl. ein Schreiben der Nürnberger Räte an Wilhelm, das zwar vom 11.
April datiert, auf dessen Rückseite aber der 10. April angegeben ist (D. A.
a. a. O.).

[3]) Vgl. den Vorschlag vom 20. April im D. A. a. a. O. und Below, S. 466.

[4]) Below, S. 466 f.

[5]) Ueber die Verhandlung am 24. April vgl. Below, S. 467 f. Wilhelms
Gesandte waren sogar bereit, Sittard der Königin zuzustellen unter der Bedingung,
dass inzwischen die Streitfrage gütlich oder rechtlich entschieden werde; doch
Granvella ging hierauf nicht ein.

an ihren Herrn zu, in welchem er diesem die Ergebnislosigkeit
der Verhandlungen offiziell mitteilte.[1]) Den Tag darauf wollten
die Räte aufbrechen. Doch ihre Absicht wurde vereitelt. Ein
Teil des Ausschusses begab sich zu Granvella und verlangte von
ihm einen zweimonatlichen Waffenstillstand, während dessen
Sittard Maria zugestellt werden und die Stände durch ihre Gesandten bei dem Kaiser eine friedliche Verständigung herbeizuführen versuchen sollten. Als der Ausschuss mit diesem Bescheide
zu den Gesandten kam, erklärten sie, zur Annahme eines derartigen
Vertrages keine Vollmacht zu haben.[2]) Doch so leicht liessen sich
diesmal die Stände nicht zurückschrecken; sie stellten ihnen vor,
dass sie Wilhelms Interessen, zu deren Vertretung sie doch nach
Nürnberg geschickt seien, nicht besser wahrnehmen könnten,
als durch Annahme dieser Waffenruhe, und dass sie die letzte
Möglichkeit einer Verständigung mit Karl nicht von der Hand
weisen sollten. Da ihnen die anderen Fürsten und Räte, soweit
sie noch anwesend waren, ebenfalls dringend rieten, dies Anerbieten nicht abzulehnen, und vor allem betonten, dass Wilhelm
nicht im stande sein werde, den Krieg noch lange auszuhalten,
so erklärten sie schliesslich ihre Zustimmung. Am 28. April wurde
der Vertrag abgeschlossen.[3])

Granvella hatte allen Grund, mit dem, was er erreicht hatte,
zufrieden zu sein. Er hatte den Bitten Marias, die in ihrer Not
wieder auf den alten Teilungsvorschlag zurückgekommen war,[4])
willfahrt und ihr, die ihm noch eben ihre bedrängte Lage und die
dringende Notwendigkeit einer Unterstützung durch Veltwyck hatte
vorstellen lassen, die ersehnte Waffenruhe verschafft. Offen
sprach der letztere seine Freude über das Gelingen dieses Vertrages aus und bezeichnete ihn als sehr vorteilhaft und günstig
für das burgundische Haus, ein Urteil, dem sich Maria anschloss.[5])
Und so war es in der That. Der Abschluss dieser zweimonatlichen
Waffenruhe musste Karl wie seiner Schwester in gleichem Masse

---

[1]) Schreiben vom 26. April im D. A. a. a. O.

[2]) Eine Andeutung von diesen Verhandlungen in dem Schreiben vom
28. April bei Below, S. 467 f. Im D. A. a. a. O. ein undatiertes Schreiben der
clevischen Gesandten an Wilhelm, in welchem diese ausführlich darüber berichten.

[3]) Lacomblet, Urkundenbuch IV, 675 ff.

[4]) Maria an Granvella, 12. und 19. April 1543. B. A. Papiers Nr. 124.

[5]) Veltwyck an Maria, 29. April; Maria an Granvella, 7. Mai 1543. B. A.
Papiers Nr. 122 und 124.

gelegen kommen.¹) Jener brauchte die Zeit, um seine Rüstungen zu vollenden; diese konnte inzwischen neue Verstärkungen heranziehen und ihrem Bruder zuführen. Für den Ausbruch des Krieges besass dann Karl in Sittard und Heinsberg zwei Festungen, wodurch ihm die Eroberung der Länder Wilhelms wesentlich erleichtert werden musste, und wenn auch bestimmt worden war, dass Maria zu Beginn des Kampfes Sittard ihrem Gegner zustellen sollte, war es doch mehr als unwahrscheinlich, dass sie dieser Verpflichtung nachkommen würde. In jeder Beziehung lag so der Vorteil auf burgundischer Seite. Hieraus ergab sich die Unannehmbarkeit dieses Vertrages für Wilhelm von selbst. Seine Bemerkung, dass er sich durch denselben die Hände binden und seinem Feinde Thür und Thor, in sein Herzogtum zu gelangen, offen stehen würden, war nur allzuberechtigt. Dazu kamen noch sein durch den Sieg von Sittard gehobenes Selbstbewusstsein und die Rücksicht auf Franz, welche ihn dies Abkommen verwerfen liessen. Es war ihm schon unerklärlich, wie seine Gesandten die Sequestration einiger seiner Städte, welche er doch schon vor dem glücklichen Ausgang der Schlacht abgelehnt hatte, hatten zugestehen können;²) um wieviel mehr musste jetzt dieser Vertrag sein Missbilligung erfahren. Und ferner, hiess es nicht den König von Frankreich, welcher ihn eben erst wieder mit Geld unterstützt und eine weitere Sendung in Aussicht gestellt hatte, direkt vor den Kopf stossen, wenn er sich zu einem Vertrage verstand, in welchem er sich verpflichten sollte, die Feinde des Kaisers nicht zu unterstützen?

Sein ganzer Unwille musste sich naturgemäss gegen seine Gesandten richten, die, wenn auch in guter Absicht, ihre Vollmacht überschritten hatten. Durch seine Räte liess er ihnen seine Missbilligung und den Entschluss, den Waffenstillstand nicht anzunehmen, mitteilen.³) So blieb diesen nichts anderes übrig, als der Königin hiervon Nachricht zu geben.⁴)

So sehr diese auch vom militärischen Standpunkte aus eine kurze Waffenruhe gewünscht hatte, so war ihr die Verwertung derselben durch ihren Gegner vom politischen Standpunkte aus fast erwünscht.

---

¹) Vgl. Below, S. 469 ff., A. 4.
²) Below, S. 468 f.
³) Ghogreff und Hoen an die Gesandten, 6. Mai 1543. D. A. J.-B. Hgtm. Geldern Nr. 25.
⁴) Die Gesandten an Maria, 8. Mai 1543. D. A. J.-B. Hgtm. Geldern Nr. 24.

Deutlich hatte sich nnnmehr gezeigt, dass mit Wilhelm eine friedliche Verständigung unmöglich sei; Karl hatte jetzt gerechten Grund, gegen ihn mit den Waffen vorzugehen; sein Ansehen, seine Ehre erforderten es.[1])

Mit diesem Ausgang der Nürnberger Verhandlungen war die geplante Sendung der Stände zu Karl hinfällig geworden, die Beratung dieser Angelegenheit in der Zusammenkunft der Räte der rheinischen Kurfürsten, die Anfang Mai in Wesel stattgefunden hatte, nutzlos gewesen.[2]) Der Krieg ging weiter.

Für Maria war es ein Glück gewesen, dass Wilhelms Truppen wegen Geldmangels Anfang April wieder Schwierigkeiten gemacht hatten, sodass er an der Ausnützung seines Sieges verhindert worden war.[3]) Kleinere Truppenabteilungen hatten, wie schon früher, Streifzüge in Marias Lande unternommen und sogar einige Erfolge errungen.[4]) Bedrohlicher wurde aber die Lage für die Königin erst, als der Herzog mit einer neuen Geldsendung aus Frankreich die Ansprüche seiner Truppen für einige Zeit befriedigen konnte, erhebliche Verstärkungen aus Norddeutschland bei ihm eintrafen, und ein grosses französisches Heer in ihre südlichen Provinzen eindrang, um, wie es hiess, sich mit dem clevischen zu vereinigen.[5])

Jedoch ihre Besorgnis war unnötig. Die französischen Truppen zogen sich Anfang Mai zurück. Wilhelms Heer rückte zwar auf Heinsberg und schloss die Stadt von allen Seiten ein, das schwere

---

[1]) Maria an Granvella, 11. Mai; Maria an Karl, 11. Mai 1543. B. A. Papiers Nr. 54 und 124. Vgl. auch Weiss, Papiers d'état du cardinal de Granvelle II, 664 ff.

[2]) Die Räte des Ausschusses an die Stände, deren Räte sich ebenfalls im Ausschuss befunden, die aber schon Nürnberg verlassen hatten, 28. April 1543. Das Schreiben ist gerichtet an die Fürsten von Würzburg, Trier, Salzburg und Bayern (D. A. J.-B. Hgtm. Geldern Nr. 25). Im W. A. Reg. C. pag. 524 Nr. 33 befindet sich dasselbe Schreiben an Wilhelm gerichtet. Der Abschied von Wesel vom 7. Mai befindet sich im D. A. J.-B. Hgtm. Geldern Nr. 24.

[3]) Wilhelm an Johann Friedrich, 7. April; Dolzig an dsb., 18. April 1543 W. A. Reg. C. pag. 515 Nr. 27 a und pag. 519 Nr. 29. Vgl. auch Below, S. 465.

[4]) Jahrbuch des Düsseldorfer Geschichtsvereins VII, 215 f; Ztschft. des Berg. Geschichtsvereins 23, 137 ff.

[5]) Dolzig an Johann Friedrich, 5. Mai 1543. W. A. Reg. C. pag. 522 Nr. 32; vgl. auch Below. S. 468 f. Ztschft. des Berg. Geschichtsvereins 23, 142 f. Henne, Charles-Quint VIII. 100 und 104 f. Maria an Granvella, 19. und 30. April 1543. B. A. Papiers Nr. 124.

Geschütz wurde herangeschafft, den Belagerten das Wasser abge-
schnitten;[1] aber die burgundische Besatzung, die über 1200 Mann
stark war, hielt sich mannhaft und bewies ihren Mut durch zahl-
reiche Ausfälle. Und bald geriet auch dies Unternehmen ins
Stocken; der leidige Geldmangel begann sich unter den Truppen
Wilhelms geltend zu machen; unthätig blieben sie vor der Stadt
liegen, und die Belagerung machte keine Fortschritte.[2]

Die kriegerischen Ereignisse traten aber jetzt vollkommen in
den Hintergrund vor einem politischen Plane, der, wenn er zur
Ausführung kam, Wilhelm neue erhebliche Streitkräfte zuführen,
Maria in unabsehbare Verwickelungen stürzen und den Ausbruch
des von Karl so lange vermiedenen Religionskrieges bringen musste.
Wilhelm trat jetzt ernstlich dem Gedanken einer Verbindung mit
den Protestanten und der Einführung der Reformation in seinem
Gebiete näher. Wenn er auch noch kürzlich seine Zuneigung zu
der neuen Lehre dadurch bewiesen hatte, dass er wie Weihnachten so auch am Gründonnerstag das Abendmahl unter beiderlei
Gestalt genommen und dasselbe auch seinen Unterthanen gestattet
hatte, so waren es doch vor allem politische Erwägungen, welche
ihn jetzt zu diesem Entschlusse trieben. Je länger der Krieg sich
hinzog, desto deutlicher musste es ihm zum Bewusstsein kommen,
dass er allein, von Franz nur mit Geld unterstützt, auf die Dauer
den Feinden nicht werde widerstehen können. Die Aufbringung
der von den Ständen bewilligten Geldsummen machte grosse Schwierigkeiten, und es war doch schon ein bedenkliches Zeichen, dass
viele seiner Unterthanen der wiederholten Aufforderung, im Felde
zu erscheinen, nicht Folge leisteten, und der Herzog, nur um Geld
zu erhalten, zur Einziehung der Kirchenkleinodien zu schreiten
sich genötigt sah.[4] In dieser Not beschloss er, bei dem schmalkaldischen Bunde um Hülfe nachzusuchen.

Um aber auf Gewährung seiner Bitte rechnen zu können,
musste er, wie es ihm die Verhandlungen mit den Protestanten
im Frühjahr 1540 und die ausweichende Antwort, die ihm noch

---

[1] Zeitschrift des Berg. Geschichtsvereins 23. 144; Henne, Charles-Quint VIII,
101 ff. Dolzig an Johann Friedrich, 22. Mai 1543. W. A. a. a. O.
[2] Nyhoff, Arnhem S. 216. Schreiben an Cruser vom 1. Juni 1543.
[3] Dolzig an Johann Friedrich, 25. März 1543. W. A. Reg. C. pag. 519
Nr. 29. Lenz, Bucer, II, 146. Varrentrapp, Hermann von Wied S. 157 und 209.
[4] Below, S. 457 f., 463 f. und 476 f. Blomendal an Ghogreff, 11. Juni 1543.
D. A. J.-B. Hgtm. Geldern Nr. 33.

kürzlich in Schweinfurt auf sein Gesuch um Hülfe und Unterstützung zu teil geworden war,[1] deutlich gezeigt hatten, die neue Lehre annehmen und sie in seinem Lande einführen. Die politische Lage schien die Ausführung dieses Planes wesentlich zu erleichtern. Denn alle Bedenken, die ihn in Paderborn am Übertritt gehindert hatten, waren jetzt geschwunden. Die Rücksicht auf den Kaiser und die benachbarten katholischen Fürsten konnte ihn nicht mehr davon abhalten. Mit jenem war der Konflikt zum offenen Ausbruch gekommen, in betreff dieser konnte er bei dem Bischof von Münster und vor allem bei dem Kurfürsten von Köln sogar auf lebhafte Förderung seiner Absicht rechnen. Von welchem Werte musste es für Hermann sein, wenn Wilhelm seinem Beispiele folgte! Gemeinsam mit ihm konnte er noch einmal so energisch vorgehen. Nur noch der Widerstand seines Landes schien Wilhelm bei der Einführung der Reformation im Wege zu stehen. Noch eben erst hatten die Stände ihre katholische Gesinnung dadurch bewiesen, dass sie die Bestätigung des Ehevertrages, die Johann Friedrich von ihnen aufs neue begehrt hatte, von der Zusicherung desselben, dass er ausser mit ihrer Einwilligung in Wilhelms Landen, wenn sie an ihn fallen sollten, hinsichtlich der Lehre keine Neuerung einführen noch die Kirchengüter einziehen solle, abhängig gemacht hatten.[2] Auf diese Bedingungen einzugehen, war der Kurfürst um so weniger geneigt gewesen, als er wusste, dass in vielen Städten, besonders in Jülich, die neue Lehre Anhänger habe;[3] einmütig hatten ihm Luther, Melanchthon und Brück hiervon abgeraten.[4] Wilhelm hatte dann allerdings auf seine Vorstellungen eine Änderung in dem Wortlaute vornehmen lassen, welche dem Kurfürsten aber nicht genügt hatte.[5] Hiermit

---

[1] Below, S. 438. Bericht vom 18. März 1543, siehe oben S. 86, A. 5.

[2] Reversal als Beilage zu dem Schreiben Wilhelms an Johann Friedrich vom 13. März. Dieser beantwortet dasselbe am 1. April 1543 (W. A. Reg. C. pag. 515 No. 27 u. 27a). Der Widerstand ging, wie die Bestimmung über die Kirchengüter zeigt, hauptsächlich aus von den geistlichen Korporationen, welche sich in ihrem Besitzstande bedroht, und dem Teil der Adligen, welche in den Klöstern und Stiftern Versorgungsstätten für ihre Kinder sahen (Dolzig an Johann Friedrich, 17. und 22. Mai 1543 im W. A. Reg. C. pag. 522 No. 32 und das unten erwähnte Gutachten Melanchthons).

[3] Ausser dem Gutachten Melanchthons vgl. Lenz, Bucer II, 122 und 131 und Varrentrapp, Hermann von Wied S. 209.

[4] Gutachten im W. A. Reg. C. pag 522. No. 32. Die Abfassungszeit lässt sich aus A. 2 bestimmen; es fällt demnach in die zweite Hälfte des März.

[5] Below, S. 456 f., A. 2. In betreff der Lehre war der Zusatz gemacht worden,

war aber nicht gesagt, dass die Stände jeder Reform durchaus
abgeneigt gewesen wären, im Gegenteil, im Mai sprachen sie selbst
den Wunsch aus, dass Wilhelm die Protestanten um Hülfe ersuchen und das göttliche Wort lehren und verkündigen lassen
solle.[1]) Für den Herzog war jetzt nicht nur das letzte Hindernis
für den Anschluss an die Protestanten beseitigt, sondern derselbe
war ihm sogar von seinen Unterthanen zur Pflicht gemacht worden.

Er wandte sich daher an seinen Schwager mit der Bitte, da
Melanchthon bei dem Kurfürsten von Köln sei, möge er demselben
erlauben, auch zu ihm zu kommen, um sich mit seinen Räten über
die Einführung einer „christlichen Ordnung und Reformation" zu
besprechen; gleichzeitig sprach er seine Absicht aus, zu der bevorstehenden Zusammenkunft der Protestanten seine Gesandten zu
schicken, um ihren Beistand zu erbitten. Den Tag darauf liess
er ihn durch Dolzig um seine Ansicht befragen, ob seine Glaubensgenossen ihn in ihren Bund aufnehmen würden, und ob er es für
zweckdienlich halte, dass er selbst zu ihrer Versammlung käme.[2])
Was der Kurfürst so lange vergebens erstrebt hatte, das bot
Wilhelm ihm jetzt selbst an. Doch es war zu spät. War es
schon zweifelhaft, ob die protestantischen Stände jetzt, wo Wilhelm
mit dem Kaiser in offenem Kriege sich befand, seine Bitte erfüllen
würden, so machte Philipps Vertrag mit dem Kaiser jede Verhandlung darüber aussichtslos. Es muss ein schwerer Entschluss
für den Kurfürsten gewesen sein, als er dem Herzog die Mitteilung
machte, dass es sehr fraglich sei, ob seine Glaubensgenossen jetzt
geneigt sein würden, seinem Ansuchen Folge zu geben, sodass
sein persönliches Erscheinen nutzlos sein würde; einen definitiven
Entscheid könne man ihm erst geben, nachdem er mit dem Landgrafen, mit dem er im Juni in Eisenach zusammenkommen wolle,
die Angelegenheit besprochen habe.[3]) Um so eifriger ging er aber

dass der Kurfürst keine Veränderung in derselben vornehmen solle, die „mit Gott
und gutem Gewissen unterlassen bleiben möge." In betreff der Kirchengüter war
die ergänzende Bestimmung getroffen worden, dass Johann Friedrich sie nicht
einziehen „und weder in seinem noch in anderem privaten Nutzen verwenden
solle". Wilhelm an Johann Friedrich, 16. Mai; Johann Friedrich an Wilhelm,
28. Mai 1543 W. A. Reg. C. pag. 522 Nr. 32).

[1]) Below, S. 472 f.; Dolzig an Johann Friedrich, 22. Mai W. A. a. a. O.
[2]) Siehe die oben S. 92, A. 5 u. 2 erwähnten Schreiben Wilhelms und Dolzigs
vom 16. u. 17. Mai.
[3]) Siehe das oben S. 92, A. 5 erwähnte Schreiben Johann Friedrichs vom
28. Mai.

auf den andern Punkt in Wilhelms Schreiben ein; er versprach,
Melanchthon zu ihm zu senden. An demselben Tage erliess er an
diesen und Dolzig eine entsprechende Weisung.[1]
Aber mit der Ablehnung der Bitte um Unterstützung durch
die Protestanten war für Wilhelm der Hauptgrund zur Einführung
der Reformation hinfällig geworden.[2] Zwar verabredete er mit
Melanchthon, mit dem er am 3.--5. Juni in Brühl bei dem Kurfürsten Hermann zusammen war, dass er ihn bei gelegener Zeit
zu sich erfordern werde, und versprach, die reine Lehre in seinen
Landen einzuführen,[3] aber das eigentliche Interesse an der Ausführung dieser Zusage war bei ihm geschwunden.

Jedoch selbst wenn Wilhelm auch die beste Absicht gehabt
hätte, sofort mit der Einführung der Reformation vorzugehen, so
wäre ihre Ausführung zur Zeit unmöglich gewesen Hierzu bedurfte es vor allem des Friedens, und demgemäss war auch in Brühl
zwischen den beiden Fürsten verabredet worden, dass Hermann
zusammen mit dem Landgrafen die Vermittelungsversuche zwischen
den beiden Parteien wieder aufnehmen solle.[4] Sofort schrieb der

[1] Johann Friedrich an Dolzig und Melanchthon, 28. Mai 1543, W. A.
Reg. C. pag. 522 No. 32. Bereits im April, als er den letzteren zu Hermann geschickt hatte, hatte er ihm gestattet, falls Wilhelm die Reformation einführen
wolle, einige Wochen länger zu bleiben (Melanthonis Opera V. 89 f., A.).

[2] Dass es Wilhelm jetzt vor allem auf die Hülfe der Protestanten ankam
und die Einführung der Reformation ihm nur das Mittel hierzu sein sollte, geht
aus einem Briefe an Johann Friedrich vom 22. Mai in W. A. Reg. C. pag. 522
No. 32 hervor, in welchem er den Plan eines Bundnisses zwischen dem Kurfürsten
von Sachsen, dem Landgrafen, dem Kurfürsten von Köln, dem Bischof von
Münster und ihm selber anregt, also den Häuptern des schmalkaldischen Bundes
und den durch Karls Ankunft bedrohten katholischen Fürsten.

[3] Über diese Zusammenkunft vgl. Varrentrapp, Hermann von Wied S. 210,
Lenz, Bucer II, 149, A. 2, das S. 35, A. 2 erwähnte Schreiben Melanchthons vom
6. Juni und ein Schreiben Dolzigs an Johann Friedrich vom 9. Juni im W. A.
Reg. C. pag. 521 No. 31, nebst dem Beibericht vom 6. Juni. Am 22. Mai schreibt
Wilhelm eigenhändig an seinen Schwager, dass er Gott bitten wolle, dass er seine
göttliche Gnade verleihe, dass sie alle in einträchtige Erkenntnis von Gottes Wort
kommen mögen. W. A. Reg. C. pag. 521 Nr. 31. Johann Friedrich, der auf die
erste Nachricht von Wilhelms Plan der Ansicht gewesen war, dass dieser gerne eine
Reformation annehmen wolle, bei der weder dies noch jenes d. Hl. Schrift gemäss wäre,
und Melanchthon gewarnt hatte, sich auf derartiges Flickwerk einzulassen (vgl. sein
oben A. 1 erwähntes Schreiben an Dolzig und Melanchthon vom 28. Mai), glaubte
aus diesen Worten entnehmen zu können, dass er ernstlich die Reformation begehre.
Johann Friedrich an Wilhelm, 20. Juni. W. A. a. a. O.

[4] Vgl. den A. 3 erwähnten Beibericht Dolzigs vom 6. Juni. Hermann an
Philipp, 6. Juni 1543. M. A. Jülch, Krieg um Geldern

Kurfürst an Philipp und lud ihn zu einer persönlichen Zusammenkunft in Meschede für den 13. Juni ein. Hierzu kam es jedoch nicht, hauptsächlich infolge der ablehnenden Haltung des Landgrafen, der sich bei der jetzigen Lage von einer abermaligen Verhandlung nichts versprach.[1])

Was aber Hermann nicht gelungen war, gelang Johann Friedrich, als er mit Philipp in Eisenach zusammenkam und dort mit ihm, seiner Zusage gemäss, über Wilhelms Angelegenheiten sprach. Gleichsam um seine Weigerung, den Herzog in den Bund aufzunehmen, durch anderweitiges Entgegenkommen wieder gutzumachen, erklärte der Landgraf seine Bereitwilligkeit, Granvella seine Vermittelung anbieten zu lassen, um entweder einen Frieden oder wenigstens einen Waffenstillstand zu erlangen.[2])

Philipp kam auf die Vorschläge zurück, die er Wilhelm schon im April, wenn auch vergeblich, durch Johann Friedrich hatte machen lassen: der Herzog solle Geldern und Zütphen vom Kaiser zu Afterlehen nehmen, sich von Frankreich lossagen und mit anderen Fürsten den Kaiser fussfällig um Verzeihung bitten.[3])

War der Friede nicht zu erlangen, so sollte Kreuter, den er mit dieser Mission beauftragt hatte,[4]) Granvella um eine Waffenruhe bis zum Schluss des nächsten Reichstages bitten, während welcher die Streitfrage zur Verhandlung kommen solle. Hatte der kaiserliche Minister zur Zeit, als Maria sich in grosser Not befand, von derartigen Bedingungen nichts wissen wollen, so war er jetzt, wo Karl sich bereits in Deutschland befand, erst recht nicht dazu geneigt. Zornig fuhr er Kreuter an, wie sein Herr es überhaupt wagen könne, derartige Vorschläge zu machen, und liess ihn gar nicht zu Ende reden; nicht einen Fussbreit

---

[1]) Philipp an Hermann, 8., 13. und 18. Juni. M. A. a. a. O. Johann Friedrich an Wilhelm, 4. Juli. W. A. Reg. C. pag. 524 Nr. 33. Die von Lenz, Bucer II, 149, A. 2 erwähnte Bemerkung Melanchthons ist zutreffend, da Hermann thatsächlich am 10. Juni zu der beabsichtigten Zusammenkunft aufgebrochen war, ohne Philipps Antwort vom 8. Juni abzuwarten, die er erst am 11. erhielt. Hermann an Philipp, 11. Juni 1543. M. A. a. a. O. Vgl. auch Varrentrapp, Hermann von Wied S. 210, A. 1.

[2]) Vgl. das A. 1 erwähnte Schreiben Johann Friedrichs vom 4. Juli.

[3]) Wilhelm an Johann Friedrich, 3. Mai. W. A. Reg. C. pag. 522 Nr. 32.

[4]) Credenz für Kreuter vom 9. Juli und Instruction für ihn im M. A. Schmalkaldischer Bund 1542. Vgl. auch Lenz, Bucer III, 283, A. 3.

werde der Kaiser Wilhelm von Geldern lassen.[1]) Wie anders
lautete dagegen die Antwort des Herzogs, zu dem der Landgraf
Lersener geschickt hatte.[2]) Jetzt war er sogar zu der Annahme
der Afterlehnschaft bereit, die er noch in Nürnberg abgelehnt hatte;
auch Frankreich betreffend, war er geneigt, dem Wunsche des
Landgrafen, soweit es mit seinem Vertrage vereinbar sei, nachzukommen; Dolzig und Vlatten sollten ihm das Nähere mitteilen und
ihn bitten, sein Möglichstes zu thun, um zwischen dem Kaiser und
ihm eine Verständigung herbeizuführen.[3]) Mit derselben Bitte
wandte er sich an seinen Schwager; mit seinem Entgegenkommen
war es ihm jetzt Ernst; er wollte eine gütliche Beilegung, da er,
so schreibt er, des Krieges recht müde sei.[4])

Ein sehr begreiflicher Wunsch! War es ihm doch in der
letzten Zeit im Felde schlecht genug ergangen! Nicht allein rückte
die Belagerung von Heinsberg nicht von der Stelle; es gelang
sogar den Burgundern, die Stadt zu entsetzen und den clevischen
Truppen, die den Rückzug antraten, einige Verluste beizubringen
und einen Teil der Artillerie, die sie vor Sittard verloren hatten,
wieder zu erbeuten.[5]) Zwar waren die Feinde wieder abgezogen,
aber der Eindruck, den dies Ereignis auf beiden Seiten hervorrief,
war ein grosser. Die Burgunder frohlockten; Maria liess sofort
den Kaiser hiervon in Kenntnis setzen.[6]) Wilhelm bemühte sich
vergebens, die Bedeutung dieser Schlappe abzuschwächen. Fühlte
er sich doch selbst nicht von aller Schuld an den Misserfolgen im
Felde frei! Die Ermahnungen des Kurfürsten, selbst mehr im
Felde zu sein und sich um seine Truppen zu kümmern, musste er

---

[1]) Kurzer Inhalt der Relation bei Rommel, Philipp der Grossmütige, Landgraf
von Hessen II, 460 f.

[2]) Instruktion für Lersener, 15. Juli 1543. M. A. Jülich, Krieg um Geldern.

[3]) Ebenda die undatierte Antwort Wilhelms und ein Schreiben Wilhelms an
Philipp vom 24. Juli, in welchem er diesem die Sendung von Dolzig und Vlatten
meldet. Dolzig an Johann Friedrich, 1. August. W. A. Reg. C. pag. 525 Nr. 34.
Er berichtet, dass er bei Philipp angekommen sei und mit Vlatten seinen Auftrag
ausgerichtet habe; der Landgraf habe ihnen darauf Kreuters Relation vorgelesen.
Am 7. August schreibt Dolzig wieder aus Düsseldorf. (W. A. a. a. O.)

[4]) Vgl. das eigenhändige Schreiben Wilhelms an Johann Friedrich vom 18. Juli
im W. A. Reg. C. pag. 521 Nr. 31.

[5]) Zeitschrift des Berg. Geschichtsvereins 23, 148 ff; Henne, Charles-Quint VIII,
102 f; Gachard, Journal de Vandenesse S. 257.

[6]) Gachard, Journal de Vandenesse a. a. O. Kervyn de Lettenhove, Commentaires
S. 70 f.

als berechtigt anerkennen; er wusste ihnen nichts anderes entgegenzusetzen, als dass er noch ein junger Kriegsmann sei und es an guten Worten nie habe fehlen lassen.[1]) In betreff der Kriegführung, über die Johann Friedrich schon im Winter viel geklagt hatte,[2]) musste er zugestehen, dass sie vieles zu wünschen übrig lasse. Wie in der Politik seinen Räten, so überliess er in militärischen Angelegenheiten die Entscheidung seinen Befehlshabern, und dass diese oft mehr an ihren eigenen Vorteil als an energischen Widerstand gegen den Feind dachten, war nur zu begreiflich.[3]) Selbst im Heere murrte man über die schlechte Führung und verlangte Rossem zum Anführer. Dasselbe Ansuchen hatten die geldrischen Stände Wilhelm bereits im März vorgetragen; damals hatte er es abgelehnt, um nicht den Verdacht, dass er mit Rossem in Verbindung stehe, als gerechtfertigt erscheinen zu lassen; jetzt gab er, der Not gehorchend, dem Wunsche seiner Truppen nach.[4]) Sofort zog Rossem mit einem Teil derselben nach Utrecht und Holland, und es gelang ihm, Amersfort zu erobern. Doch auch dies Unternehmen stockte bald infolge der mangelnden Besoldung.[5]) War schon unter diesen Umständen ein Friede für Wilhelm wünschenswert, so liess die Nachricht von dem Heranrücken Karls denselben geradezu als notwendig erscheinen.

---

[1]) Johann Friedrich an Wilhelm, 13 Mai. W. A. Reg. C. pag. 521 Nr. 31. Die Antwort Wilhelms vom 22. Mai siehe oben S. 94, A. 3.

[2]) Johann Friedrich an Dolzig, 22. Dezember 1542 und 2. Januar 1543. W. A. Reg. C. pag. 513 Nr. 26 und pag. 515 Nr. 27. Auch Dolzig hielt mit seiner Klage über die mangelhafte Führung nicht zurück (Dolzig an Johann Friedrich, 21. Dezember 1542. W. A. Reg. C. pag. 513 Nr. 21). Vgl. auch Melanthonis Opera V, 60 und Lacomblet, Archiv V, 59 f. Wie man auf burgundischer Seite über ihn dachte. vgl. Lanz, Correspondenz II, 385 und Henne, Charles-Quint VIII, 83.

[3]) Johann Friedrich an Wilhelm, 20. Juni 1543. W. A. Reg. C. pag. 521 Nr. 31. Nach dem Kriege wurden Johann von Seelbach und Hänschen von Geller sogar angeklagt, bei der Belagerung von Heinsberg Verrat geübt zu haben. Die gleichzeitigen Akten ergeben hierüber nichts (Zeitschrift des Aachener Geschichtsvereins XVI, 171 ff).

[4]) Wilhelms Antwort an die geldrischen Abgesandten vom 6. März. D. A. C.-M. Verh. zu Geldern Nr. 49 d. Zeitung vom 8. Juli. Wilhelm an Johann Friedrich, 13. Juli; Dolzig an dsb., 18. Juli. W. A. Reg. C. pag. 521 Nr. 31 und pag. 524 Nr. 33.

[5]) Rossem an Wilhelm, 28. Juli. W. A. Reg. C. pag. 524 Nr. 33. Henne. Charles-Quint VIII, 115 f., Nyhoff, Arnhem S. 216

Siebentes Kapitel.

Karls Sieg über Wilhelm und die Entscheidung des geldrischen Erbfolgestreites.

Am 25. Mai 1543 war Karl V. glücklich in Genua gelandet. Bereits im November 1542 hatte sich das Gerücht von seiner Ankunft am clevischen Hofe verbreitet; hatte sich dies auch bald als trügerisch erwiesen[1]), so war Granvella im Dezember nach Italien gekommen und hatte sich nach Nürnberg zum Reichstage begeben, um daselbst den Kaiser zu vertreten[2]) und Marias Gesandten mit seinem Rate beizustehen; Karl selber war noch in Spanien geblieben. Als aber die Nachrichten seiner Schwester über ihre Lage immer ungünstiger gelautet und Granvella sich ihren Bitten, so schnell als möglich nach Deutschland zu kommen, angeschlossen hatte, glaubte der Kaiser mit seiner Abreise nicht länger zögern zu dürfen. Am 1. Mai schiffte er sich in Barcelona ein;[3]) durch seine glückliche Ankunft in Genua widerlegte er alle die Gerüchte, die sich in Deutschland bereits von seinem Tode verbreitet hatten. [4]) Nachdem ihm in Savona bereits Boussu im Auftrage Marias ihre Bedrängnis geschildert und um schleunige Hülfe gebeten hatte, erwartete ihn in Genua Veltwyck, um sich den Vorstellungen desselben anzuschliessen.[5]) Obwohl Karl nach wie vor fest entschlossen war, Geldern um jeden Preis in seinen Besitz zu bringen, so verschob er doch seine endgültige Entscheidung bis zur Ankunft Granvellas, dessen Bericht über die allgemeine Lage er erst ab-

---

[1]) Dolzig an Johann Friedrich, 9. November 1542. W. A. Reg. C. pag. 521 Nr. 31.

[2]) Die Vollmacht Karls für Granvella ist vom 26. Oktober 1542 datiert (vgl. Lenz, Bucer III, 264 A. 1).

[3]) Gachard, Journal de Vandenesse S. 254.

[4]) Melanthonis Opera V, 16, A. u. 101. Dolzig an Johann Friedrich, 16. Mai 1543. W. A. Reg. C. pag. 522 Nr. 32.

[5]) Boussu an Maria, 30. Mai; Granvella an Maria, 10. Mai 1543. B. A. Audience, liasse Nr. 15 und Papiers Nr. 124. Vgl. auch Henne, Charles-Quint VIII, 117 f.

warten wollte; ausserdem schien Maria durch den Abschluss des
Waffenstillstandes mit Wilhelm von dieser Seite für die nächste
Zeit Ruhe zu haben und die Möglichkeit einer gütlichen Beilegung
der Streitfrage noch nicht ganz ausgeschlossen zu sein. Nachdem
Granvella in Augsburg die nötigen Massnahmen getroffen hatte,
um die von Karl gewünschten 15000 Knechte und 1000 Reiter in
Deutschland anwerben und das nötige Geschütz nebst Munition
beschaffen zu lassen,[1]) traf er Anfang Juni bei dem Kaiser in Pavia
ein.[2]) . Karl, der aus der Ablehnung des Vertrages durch
Wilhelm ersehen hatte, dass mit diesem eine friedliche Verständigung nicht zu treffen sei, erliess ein Schreiben an die niederländischen Stände, in dem er ihnen Unterstützung mit allen seinen
Kräften zusagte[3]) und sie auf Boussu, der ihnen das Nähere mitteilen werde, verwies; dieser hatte auch noch Lière in Augsburg
aufzufordern, die Rüstungen möglichst bis zum 20. Juli, wo der
Kaiser in Deutschland einzutreffen gedenke, zu vollenden.[4]) Als
bald darauf im Auftrage seiner Schwester Scepper bei ihm eintrat
und um sofortige Unterstützung bat, versicherte er ihm ausdrücklich,
dass er fest entschlossen sei, mit seiner gesamten Heeresmacht an
den Niederrhein zu kommen und Wilhelm mit den Waffen zur
Vernunft zu bringen.[5]) Zu den Erwägungen, welche eine schnelle
Unterwerfung desselben zur Sicherheit seiner eigenen Erblande als
dringend geboten erscheinen liess, kam jetzt für ihn noch das
religiöse Moment. Es handelte sich um nichts Geringeres, als um
die Erhaltung von Nordwestdeutschland bei der katholischen Kirche.
Schritt er jetzt nicht gegen Wilhelm ein, so hatte er allen Grund
zur Besorgnis, dass dieser, dem Beispiele des Erzbischofs von
Köln folgend, zusammen mit dem Bischof von Münster zu den
Protestanten übertreten werde,[6]) und was das für ihn bedeutete,
lag auf der Hand. Denn abgesehen von der Verstärkung seiner
deutschen Gegner musste er auch befürchten, dass die verhasste
Lehre von nun an in den Niederlanden immer mehr an Verbreitung

---

[1]) Bericht vom 10. Mai. B. A. Secrétairie Allemande Nr. 40.
[2]) Gachard, Journal de Vandenesse S. 255.
[3]) Henne, Charles-Quint VIII, 117 f.
[4]) Jnstruktion für Boussu, 13. Juni 1543. B. A. Papiers Nr. 54.
[5]) Bericht Sceppers über seinen Auftrag au Karl. 31. Juli 1543. B. A.
Audience, liasse Nr. 16.
[6]) Granvella spricht diese Ansicht in seinem Schreiben an Karl vom 20. April
1543 offen aus (B. A. Papiers Nr. 92).

7*

gewinnen und an den rheinischen Fürsten eine starke Stütze finden
werde.

Vom politischen wie vom religiösen Standpunkte aus war
daher für Karl der Krieg gegen Wilhelm gefordert Am 25.
Juli traf er in Speier ein; da seine Rüstungen[1]) noch nicht vollendet
waren, nahm er hier einige Tage Aufenthalt. Die Bemühungen,
die der Erzbischof von Mainz und der Pfalzgraf Ludwig machten,
um den Kaiser zur Nachgiebigkeit gegen Wilhelm zu bewegen,
waren ebenso erfolglos wie die Hermanns von Wied bei Granvella.[2]) Sie erhielten den Bescheid, dass noch immer die Möglichkeit zu einer friedlichen Verständigung vorhanden sei, wenn der
Herzog Geldern und Zütphen abtrete. Dazu konnte sich aber
dieser, so sehr er auch den Frieden jetzt wünschte, nicht entschliessen; ein Ansuchen dazu seitens des Erzbischofs von Mainz,
dem sich auch der Kurfürst von der Pfalz anschloss, lehnte er
ab.[3]) So blieb nichts anderes übrig als die Entscheidung mit den
Waffen. Von Speier zog Karl über Mainz, wo im Auftrage
Johann Friedrichs Burkhardt für Wilhelm bei Granvella eine Fürbitte, aber gleichfalls vergeblich, einlegte,[4]) nach Koblenz. Hier
erschien Scepper, um, dem Wunsche des Kaisers entsprechend,
ihm mitzuteilen, auf welche Weise nach Marias Ansicht der Kampf
mit Wilhelm am schnellsten zum Ziele zu führen sei.[5]) Da ein
Widerstand von Wilhelm im offenen Felde nicht zu erwarten war,
so handelte es sich darum, ob Karl zuerst vor Jülich oder vor
Düren ziehen solle, zwei Festungen, welche beide erobert werden
mussten, da sie den Weg nach Geldern und den Niederlanden
sperrten.[6]) Karl entschied sich für den Angriff auf die letztere

---

[1]) Vgl. über die kaiserlichen Rüstungen in Deutschland Knaake. Briefe
Joachim Jmhofs aus den Feldzügen 1543, 44 und 47 S. 7 f.

[2]) Vgl. die von Varrentrapp, Hermann von Wied S. 211, A. 1 erwähnten
Berichte Löwenbergs vom 2. und 4. August im M. A. Schmalkaldischer Bund
1543 Bd. I. Die Werbung des Pfalzgrafen ergiebt sich aus dem Schreiben der
rheinischen Kurfürsten an Wilhelm vom 4. September 1543 (D. A. J.-B. Manuskripte. Nr. B. 220). Vgl. auch Sleidan, De statu religionis II, 317, citiert von
Henne, Charles-Quint VIII, 120, A. 1, und Melanthonis Opera, V, 156.

[3]) Die Kurfürsten von Mainz und Pfalz an Wilhelm, 2. August. M. A. Jülich,
Krieg um Geldern, Korrespondenz mit Kursachsen. Wilhelm an die beiden Fürsten,
6. August nebst der Antwort an die Mainzischen Hofmeister, der vor dem Schreiben
der beiden Fürsten eingetroffen war. (W. A. Reg. C. pag. 525 Nr. 34).

[4]) Ranke, Deutsche Geschichte IV, 211.

[5]) Granvella an Oranien, 14. August. B. A. Audience, liasse Nr. 16.

[6]) Granvella an Karl, 14. August. B. A. a. a. O.

Stadt, die auf dem direkten Wege von Bonn aus lag und ausserdem auf burgundischer Seite für weniger befestigt galt.[1]) Mit diesem Bescheide begaben sich Scepper und Granvella nach Bonn zu Gonzaga, dem Oberbefehlshaber der kaiserlichen Truppen, die vor der Stadt lagerten. Gewaltige Heeresmassen waren es, die Karl zu Gebote standen. Zu den 8000 Italienern und Spaniern, die er selbst mitgebracht hatte, kamen die in Deutschland geworbenen Scharen von etwa 15 000 Mann; die Reiterei betrug im ganzen etwa 4000 Mann.[2])

Am 17. August traf Karl in Bonn ein. Nachdem er persönlich das Heer gemustert und es zur Tapferkeit ermahnt hatte, setzte es sich am 20. in Bewegung. Am Nachmittag des 22. schlug der Kaiser vor Düren sein Lager auf. Hier stiessen am folgenden Tage Marias Truppen, etwa 9000 Knechte und 2000 Reiter, zu ihm, die, unter der Führung des Prinzen von Oranien, schon einen Waffenerfolg zu verzeichnen hatten; nachdem es ihnen gelungen war, Heinsberg wiederum mit Proviant zu versehen[3]), hatten sie am 20. Monjoie trotz tapferen Widerstandes eingenommen[4]). Durch diesen Zuwachs hatte das kaiserliche Heer fast die Stärke von 40 000 Mann erreicht.

[1]) Oranien an Karl, 14. August. B. A. a. a. O. Praet an Maria, 7. August. Vgl. oben S. 57, A. 4.

[2]) Vgl. über den Zug Karls gegen Wilhelm und die Eroberung Dürens an gedruckter Litteratur: Ranke, Deutsche Geschichte IV, 211 f, Lacomblet, Archiv V. 49 ff. Henne, Charles-Quint VIII. 120 ff. Ruble, Jeanne d'Albret S. 182 ff. Ferner Zeitschrift des Berg. Geschichtsvereins 23, 150 f und 154 f.: Knaake, Briefe Imhoffs S. 9 ff; Voigt, Briefwechsel der berühmtesten Gelehrten des Zeitalters der Reformation mit Herzog Albrecht von Preussen S. 180 ff und 305 ff; Lenz, Bucer II, 229 f.; Bonn, Rumpel, Fischbach, Sammlung von Materialien zur Geschichte Dürens S. 456 ff; Annalen des historischen Vereins für den Niederrhein, Heft V, 57 ff und XVIII, 263 ff; Gachard, Journal de Vandenesse S. 259 ff; Bull. de la comm. roy. d'Hist. de Belgique, 2e série, t. VII, 154 ff und IX, 132 f. Von Akten kommen in Betracht clevische Zeitungen vom 16. und 20. August, Wilhelm an Johann Friedrich, 22. August, Dolzig an dsb.. 26. August. Karl V. an einen der Kurfürsten, 24. August mit Nachschrift vom 25. (W. A. Reg. C. pag. 524 Nr 33 und pag. 525 Nr. 34). Im M. A. Braunschweig, Archiv Herzog Heinrichs des Jüngeren von Braunschweig-Wolfenbüttel, 1543 Bd. II, befindet sich ein Schreiben Heinrichs an Ludwig von Bayern-Landshut, 24. August mit Nachschrift vom 25. (vgl. auch Lenz, Bucer III, 281 f).

[3]) Schreiben der Räte vom 15. August an Cruser. Im D. A. C.-M. Verb. zu Geldern Nr. 47b befindet sich das undatierte Concept des ganzen Briefes nebst Nachschrift

[4]) Oranien an Karl, 21. August; Praet an Karl, 21. August 1543 B. A. Audience, liasse Nr. 16. Vergl. auch Ztschft. des Berg. Geschichtsvereins 22, 80.

Da die aus etwa 1400 Knechten bestehende Besatzung die Übergabe der Stadt abgelehnt hatte, sah sich Karl genötigt, zur Beschiessung Dürens zu schreiten. Am frühen Morgen des 24. begann das Feuer; ununterbrochen dauerte es bis nach Mittag. Bald war eine Bresche in die feste Mauer gelegt, durch welche die Spanier und die Italiener, gereizt durch die Aussicht auf die reiche Beute, ohne den Befehl abzuwarten, in die Stadt zu dringen suchen. Doch sie treffen auf hartnäckigen Widerstand und werden von der Besatzung zurückgeworfen. So gut es in der Eile gehen will, bemüht man sich, die schadhafte Stelle auszubessern; denn die Feinde dringen von neuem an. Abermals müssen sie zurück; die Frauen wetteifern mit den Männern, die bedrohte Stadt zu schützen. Doch die Gegner rücken immer wieder mit frischen Kräften heran; die clevische Schar schmilzt immer mehr zusammen. Trotzdem schlagen sie mit ungebrochenem Mute den feindlichen Ansturm zurück; der Graben vor dem Wall füllt sich mit Leichen. Doch was nützt der Heldenmut? Vor der gewaltigen Übermacht vermag sich schliesslich der Rest der Besatzung, ermattet von dem heissen Kampf, nicht zu halten. Als Heinrich von Vlatten, der Bruder des Kommandanten, der von einem hochgelegenen Hause aus die Seinen durch sein Beispiel zu tapferer Gegenwehr angefeuert hat, unter den Trümmern begraben wird[1]), ist es mit dem eigentlichen Widerstande vorbei. Unaufhaltsam dringen die kaiserlichen Truppen vor; noch ein letzter kurzer Kampf, und die Stadt ist in ihren Händen. Erbittert durch die schweren Verluste machen sie erbarmungslos alle wehrhaften Männer nieder. Die Häuser fallen der Plünderung anheim. Doch noch nicht genug des Unglücks für die Stadt, die im Laufe kaum eines Jahres nun schon die dritte Belagerung hatte aushalten müssen. Am nächsten Tage brach an mehreren Stellen Feuer aus, das mit rasender Schnelligkeit um sich griff und den grössten Teil der noch unversehrt gebliebenen Häuser in Asche legte. In zwei Tagen war so das Hauptbollwerk des Feindes genommen, wieder einmal hatte sich die Überlegenheit des Geschützes über die alte Befestigungskunst glänzend gezeigt.

Wilhelm brauchte jedoch trotz der Eroberung Dürens noch

---

[1]) Müller, Beiträge zur Geschichte des Herzogtums Jülich II, 64 f. Sein Bruder entkam aus der Stadt.

nicht alles verloren zu geben, da ja Jülich und die geldrischen Festungen noch unbezwungen waren. Aber schneller, als er gedacht und Karl gehofft hatte, sollte die Entscheidung fallen. Mit Schrecken musste er sehen, wie alles ihn im Stich liess, jeder sich bemühte, das schreckliche Schicksal Dürens vor Augen, sich und seine Habe in Sicherheit zu bringen und den Kaiser um Gnade anzuflehen. Seine Truppen, noch überdies unzufrieden mit ihm wegen mangelnder Bezahlung[1]), verliessen die ihnen zur Besatzung anvertrauten Städte; die Bürger beeilten sich, Karl ihre Unterwerfung anzuzeigen; Jülich, Sittard und Ruremund fielen so, abgesehen von den kleineren Städten, ohne Schwertstreich in seine Hand.[2]) Ebenso wenig konnte sich Wilhelm auf seine Ritterschaft verlassen.[3]) Der eine Teil derselben war seinem Aufgebote überhaupt nicht nachgekommen, und von denen, die es gethan hatten, waren einige nach kurzer Zeit wieder heimgekehrt. Das Manifest Gonzagas, in welchem er allen denen, die sich freiwillig unterwerfen würden, die kaiserliche Gnade zugesichert, den anderen dagegen erbarmungsloses Vorgehen angedroht hatte, hatte nur zu gut seine Wirkung gethan; Granvella hatte sich nicht getäuscht, als er sich grossen Erfolg davon versprochen hatte.[4]) Des langen Krieges müde, vor der Gefahr stehend, auch noch den Rest ihrer Habe zu verlieren, hatten sie es vorgezogen, dieser Aufforderung Folge zu leisten. Unter diesen Umständen war es wohl begreiflich, dass auch die übrigen, die noch bei Wilhelm ausgehalten hatten, in ihrer Treue wankend geworden waren. Bereits vor der Eroberung Dürens hatten sie sich an ihn mit der Bitte um Schutz gewandt, da sie sich sonst genötigt

---

[1]) Schreiben an Cruser vom 15. August. In dem S. 79, A. 2 erwähnten Bericht wird auch als Grund der Katastrophe die Unzufriedenheit der Truppen infolge des Soldmangels angegeben. Auch aus der dringenden Bitte Wilhelms an seinen Schwager vom 21. August (W. A. Reg. C. pag. 525 Nr. 34), ihm sofort Geld zur Bezahlung seiner Truppen zu schicken, die noch willig seien, wenn er sie bezahlen könne, geht deutlich hervor, wie wenig er seines Heeres sicher war. Vergl. auch Lenz, Bucer III. 322, citiert von Below, S. 490, A. 2. Über die Stimmung im Lande vor dem Ausbruch des Krieges vergl. Melanthonis Opera V, 151.

[2]) Dolzig an Johann Friedrich, 2. September, Wilhelm an denselben, 6. September. W. A. Reg. C. pag. 526 Nr. 35.

[3]) Below, S. 790 ff. Löwenberg an Philipp, 6. September. M. A. Schmalkaldischer Bund 1543 Bd. I.

[4]) Manifest Gonzagas, 18. August. M. A. Jülich, Krieg um Geldern. Korrespondenz mit Kursachsen.

sehen würden, denselben bei dem Kaiser zu suchen. Als dieser
nun nach der Erstürmung der Stadt siegreich, ohne Widerstand
zu finden, vorrückte und ihre ganze Schar auf 1000 Mann zu-
sammengeschmolzen war, wiederholten sie ihr Gesuch und forderten
ihn auf, mit Karl Frieden zu schliessen; andernfalls müssten sie
selbst auf ihre Rettung bedacht sein. Was blieb Wilhelm anderes
übrig, als dem Beispiele seines Landes zu folgen? Das Herzogtum
Jülich und das Oberquartier von Geldern mit Ausnahme der Stadt
Venlo, die sich tapfer hielt, hatte Karl in raschem Siegeszuge
unterworfen, den nördlichen Teil von Geldern verwüstete Büren;[1])
auf Rossem, der auf die Kunde von dem Heranrücken des Kaisers
aus Holland und Utrecht zurückgekehrt war und das angrenzende
Gebiet von Brabant geplündert hatte,[2]) konnte er auch nicht rechnen;
und was das Schlimmste war und die Entscheidung herbeiführte,
die französischen Hülfstruppen, auf die er seine letzte Hoffnung
gesetzt hatte, blieben aus.

Im Juli hatte es den Anschein gehabt, als ob Franz persönlich
zur Unterstützung seines Verbündeten heranrücken werde; jedoch
nach kurzem Feldzuge, der ihm vor allem den Besitz von Land-
recies gebracht hatte, war er wieder abgezogen.[3]) Wilhelm, dem
in seinem Auftrage im Juli eine neue Geldsendung aus Frankreich
zugekommen war, hatte sich mit der mündlichen Zusicherung de la Croix,
dass er ihn in der Not nicht verlassen werde, und einer Ende Juli erfolgten
neuen Geldanweisung begnügen müssen.[3]) Hiermit glaubte er

---

[1]) Vgl. die S. 101 A. 3 erwähnte Nachschrift vom 15. August, das S. 101,
A. 2 erwähnte Schreiben Wilhelms vom 22. August und Henne, Charles-Quint
VIII. 127.

[2]) Zeitung vom 6. August. W. A. Reg. C. pag. 524 Nr. 33.

[3]) Wilhelm an Johann Friedrich, 18. Juli (siehe oben S. 96, A. 4). Dolzig
an dsb., 18. Juli. Wilhelm an dsb., 31. Juli. W. A. Reg. C. pag. 524 Nr. 33.
Ueber die beabsichtigte Sendung de la Croix' zu Johann Friedrich, Philipp und
den übrigen Protestanten vgl. Lenz, Bucer II, 208, A. 1. Ueber die Geldsendungen
vgl. die Schreiben Crusers, durch den der König ebenfalls Wilhelm im Notfalle
Unterstützung zusagen liess, vom 26. Juni, 7., 15., 22. und 25. Juli, 3., 6. und
11. August und das Schreiben an Cruser vom 25. Juli. Mit der Abholung des
Geldes, das ursprünglich für den König Christian III. von Dänemark bestimmt
war, wurde von Wilhelm Dolzig beauftragt. In Frankfurt, wohin er am 29. August
abgereist war, wurde es ihm Anfang September ausgehändigt; Wilhelm, bei dem
wir Dolzig wieder am 11. September treffen, erhielt es erst nach Abschluss des
Vertrages zu Venlo (Dolzig an Johann Friedrich, 2. und 17. September. W. A.
Reg. C. pag. 526 Nr. 35). Vgl. ausser dem S. 79, A. 2 erwähnten Bericht auch
Aarsberetninger fra det Kongelige Geheime archiv in Kopenhagen IV, 240 ff.
und Ferron, De rebus gestis Gallorum libri quatuor, Paris, 1549 S. 273.

seiner Bundespflicht genügt zu haben; zur Sendung eines grossen Heeres, wie es der Herzog wünschte, war er nicht geneigt. Wilhelms wegen, welcher die Hoffnungen, die er auf die Verbindung mit ihm gesetzt hatte, nicht erfüllt, ihm sogar durch die Weigerung, die Garnisoner zu schicken, direkten Grund zur Beschwerde gegeben hatte, seine Truppen zu opfern, lag ihm fern; vielmehr hielt er die Gelegenheit für günstig, um, während Karl mit dem Kriege gegen Wilhelm beschäftigt war, Luxemburg in seine Gewalt zu bringen[1]). Die unausbleibliche Folge hiervon war, dass Wilhelm sich zur demütigen Unterwerfung unter den Willen Karls genötigt sah. Noch vor einem Monat hatte Vlatten Philipp gegenüber die Annahme einer Abtretung Gelderns und Zütphens für unverträglich mit der Ehre seines Herrn erklärt[2]), jetzt zwang diesen die Not hierzu. Erleichtert wurde ihm die Anknüpfung mit dem Kaiser durch den Kurfürsten Hermann von Köln, der eine schnelle Beendigung des Krieges ebenso in seinem wie in dem Interesse Wilhelms wünschte. Bereits Anfang August hatte er ihm durch seine Gesandten seine Vermittelung anbieten lassen; doch damals hatte sich Wilhelm zu dem von Karl geforderten Verzicht auf die beiden Landschaften nicht verstehen wollen und dadurch jede friedliche Verständigung verhindert[3]). Als aber der Kaiser von Bonn aufgebrochen war und mit dem gewaltigen Heere heranrückte, wandte sich der Herzog, wie er es schon vorher gethan hatte[4]), an die rheinischen Kurfürsten und den Landgrafen mit der Bitte,

---

[1]) Über die Frage, ob Franz thatsächlich, wie Du Bellay in seinen Memoiren (Collection universelle des mémoires particuliers relatifs à l'histoire de France, Mémoires de Messiro Martin du Bellay XXI, 52 f.) meldet, im September dem Marschall Anebaut befohlen habe, mit einem Heere zur Unterstützung Wilhelm zuzuziehen, eine Massnahme, die aber durch die inzwischen eingetroffene Kunde von der Unterwerfung des Herzogs hinfällig geworden sei, haben die mir vorliegenden Akten nichts ergeben. Viel Wahrscheinlichkeit hat diese Nachricht nicht für sich. An Versprechungen, dass er Wilhelm mit Truppen unterstützen werde, hat der König es Cruser gegenüber im August nicht fehlen lassen (Crusers Berichte vom 6., 11., 12., 24. und 26. August) Nach der Katastrophe behauptete er, dass er sein Heer in Luxemburg versammelt habe, um von hier aus seinem Verbündeten zu Hilfe zu kommen (Aarsberetninger IV, 241).
[2]) Philipp an Johann Friedrich, 8. August 1543. M. A. Schmalkaldischer Bund, Korrespondenz zwischen Hessen und Sachsen. 1543.
[3]) Antwort Wilhelms an Neuenaar und Gropper, 10. August. D. A. J.-B. Geldersche Sache Nr. 13.
[4]) Dies ergiebt sich aus dem S. 100, A. 3 erwähnten Schreiben Wilhelms vom 6. August.

diesen zu einem gütlichen Abkommen zu bewegen und wiederholte
dieselbe nach der Eroberung Dürens in dringendem Tone[1]). Anfang
September traten die vier Kurfürsten in Bingen zusammen[2]). Eine
gemeinsame Vermittelung war aber nicht mehr nötig, da Hermann
von Wied, den Wilhelm noch besonders darum ersucht hatte[3]),
die Angelegenheit schon allein in die Hand genommen und zu dem
Zwecke der Aussöhnung Wilhelms mit dem Kaiser seinen Koadjutor
Adolf von Schaumburg, den Grafen Wilhelm von Neuenaar und
Dr. Johann Gropper zu Karl ins Lager geschickt hatte[4]). Am Kaiserhofe war inzwischen, wie im Jahre 1540, Heinrich von Braunschweig für den Herzog eingetreten, der in seinem eigenen Interesse einen baldigen Frieden wünschte[5]). Am 3. September langte
er bei Wilhelm an, an demselben Tage, an welchem dieser Ab-
geordnete aller seiner Länder nach Duisburg berufen hatte, um
mit ihnen zusammen den entscheidenden Beschluss zu fassen[6]). Infolge der Ankunft Heinrichs wurde die Versammlung auf den folgenden Tag nach Düsseldorf verlegt. Bei der allgemeinen Stimmung konnte der Ausfall der Beratung nicht zweifelhaft sein; man
war darüber einig, dass Wilhelm mit dem Kaiser Frieden schliessen
solle.[7]) Am 6. September brach er, begleitet von Heinrich und

---

[1]) Wilhelm an die rheinischen Kurfürsten und Philipp, 21. und 31. August.
W. A. Reg. C. pag. 524 Nr. 33. Wilhelm an die Kurfürsten von Mainz und
Pfalz, 29. August. D. A. J.-B. Manuscripte B. 220.

[2]) Vgl. Varrentrapp, Hermann von Wied S. 214 und das S. 103, A. 3 erwähnte
Schreiben Löwenbergs vom 6. September. In ihrem S. 100, A. 2 erwähnten Schreiben
vom 4. September weisen die Kurfürsten Wilhelms Vorwürfe, dass sie sich bei
dem Kaiser nicht genügend um Vermittelung bemüht und denselben bei seinem
jetzigen Feldzuge unterstützt hätten, mit scharfen Worten zurück und erklären
sich zur Verhandlung bereit, wenn er Geldern abtreten wolle.

[3]) Akten hierüber, aus denen sich die Einzelheiten ergeben, im D. A. Chur-
cöln, Verh. zu Jülich-Berg Nr. 14.

[4]) Gachard, Journal de Vandenesse S. 261 f. und das S. 103, A. 2 erwähnte
Schreiben Wilhelms vom 6. September.

[5]) Lenz, Bucer III, 282.

[6]) Below. S. 488. Ausschreiben Wilhelms vom 28. August auf den 3. September Abends, D. A. C.-M. Verh. zu Geldern Nr. 50a. Boetbergen und Zeller an die
Städte Nimwegen und Tiel, 3. September (vgl. Nyhoff, Arnhem S 218, der das
besondere Schreiben Rossems vom 3. September mit hineingezogen hat). Vergl.
auch das S. 104, A. 3 erwähnte Schreiben Dolzigs vom 2. September und die S.
21, A. 3 erwähnte Zeitung vom 8. September. Die Notiz bei Gachardt, Journal
de Vandenesse S. 262, dass Heinrich am 5. September zu Wilhelm sich begeben
habe, zeigt, dass dieser zwischen den beiden Parteien hin- und hergeritten ist, wie
es das S. 103, A. 3 erwähnte Schreiben Löwenbergs vom 6. September bestätigt.

[7]) Schreiben an Cruser vom 3. und 5. September. Below. S. 503.

den kölnischen Gesandten, die ebenfalls von Karl zu ihm gekommen waren, nach Venlo auf[1]). Noch an demselben Tage forderte er von dort aus die geldrischen Stände und Martin von Rossem auf, in dem kaiserlichen Lager zu erscheinen.[2]) Am folgenden Tage empfing ihn Karl und nahm ihn, nachdem Herzog Heinrich für ihn gebeten und er selbst sein Unrecht eingestanden hatte, zu Gnaden auf.

Karl hatte erreicht, was er so lange erstrebt hatte In zwei und einer halben Woche war der Feldzug beendet, schneller als er und Maria je zu hoffen gewagt hatten. Marias sehnlichster Wunsch war erfüllt, ihr Gegner, der ihr so viel zu schaffen gemacht hatte, vollkommen gedemütigt. Am 7. September kam es zwischen Karl und Wilhelm zu dem Vertrage von Venlo.[3]) Selbstverständlich war die Abtretung von Geldern und Zütphen; feierlich leistete der Herzog auf die beiden Landschaften Verzicht und entband die Stände ihres ihm geleisteten Treueides; dieselben erkannten von nun an den Kaiser als ihren Herrn an.[4]) In seinem Auftrage begab sich der Prinz von Oranien, der neue Statthalter des eroberten Gebietes, nach Geldern und Zütphen und nahm die Huldigung in den Städten entgegen; Anfang Oktober war dieselbe überall erfolgt.[5])

Mit diesen beiden Landschaften hatte der Kaiser das Gebiet erlangt, das zur Abrundung seiner niederländischen Besitzungen erforderlich war und ihn zum Herrn der Rheinarme machte. In demselben Masse, wie seine Macht durch diese Erwerbung gestärkt wurde, verlor diejenige Wilhelms an Bedeutung. Zwar gab er ihm das eroberte Herzogtum Jülich heraus und belehnte ihn mit diesem wie mit den anderen Landschaften noch im Feldlager von Venlo am 14. September, aber die Städte Sittard und Heinsberg behielt er noch in seiner Hand.[6]) Längere Zeit zog sich noch die

---

[1]) Über die Venloer Verhandlungen vgl. ausser der oben S. 101, A. 2 angeführten Litteratur, die zum Teil auch hierher gehört, noch Zeitschrift des Berg. Geschichtsvereins 23, 153 f.; Below, S. 488 ff.; Knaake, Briefe Imhoffs S. 12 ff.; Weiss, Papiers d'état du cardinal de Granvelle, II, 679 ff. Bull. de la comm. roy. d'Hist. de Belgique, 2ᵉ série, t. XI, 224; ferner ein Schreiben Herzog Heinrichs von Braunschweig an den Herzog Ludwig von Baiern-Landshut vom 10. September im M. A. a. a. O. und eine Zeitung im M. A. Jülich, Krieg um das Hgtm. Geldern.

[7]) Nyhoff. Arnhem S. 218.

[3]) Lacomblet, Urkundenbuch IV, 679 ff.

[4]) Du Mont, Corps universel IV, Abt. 2, S. 264 ff.

[5]) Akten hierüber im D. A. J.-B. Hgtm. Geldern Nr. 33.

[6]) Auch Rossem nahm der Kaiser zu Gnaden auf und übertrug ihm eine Be-

Erledigung der mannigfachen Streitfragen hin, die zwischen den
beiden Häusern schwebten; die endgültige Verständigung erfolgte
erst im Jahre 1544 in Speier, nachdem man schon vorher in Brüssel
eine Erbeinigung abgeschlossen hatte.[1]

Die unmittelbare Folge seines Friedens mit Karl musste für
Wilhelm die Trennung von Franz I. sein. Von diesem sich los-
zusagen, den er für den Urheber seines Unglücks ansah, konnte
ihm nicht schwer fallen; seine Ehe mit Jeanne wurde, nachdem
sie schon bald nach dem Abschlusse des Vertrages von französicher
Seite formell aufgegeben worden war, am 12. Oktober 1545 definitiv
von Papst Paul III. gelöst.[2] Ebenso versprach Wilhelm, mit den
Königen von Dänemark und Schweden kein Bündnis einzugehen
und mit den anderen Fürsten kein Abkommen zu treffen, das gegen
Kaiser und Reich gerichtet sei.

Doch nicht nur für die jülich-clevische Landesgeschichte bildete
der Vertrag von Venlo einen Wendepunkt, er wurde es auch für
die weitere Ausbreitung des deutschen Protestantismus.[3]

Erinnern wir uns der Bereitwilligkeit Wilhelms im Sommer
1543, die Reformation in seinen Ländern einzuführen. Im Juli
hatte er, nachdem er den ganzen Juni gezögert hatte, sich doch
noch entschlossen, Melanchthon zu sich einzuladen, bevor er Kurfürst Hermann verlasse[4]. Das Heranrücken Karls hinderte diesen,
dem Rufe Folge zu leisten; der schnelle Sieg des Kaisers schloss
jeden derartigen Versuch aus. Denn ausdrücklich musste sich
Wilhelm in dem ersten Artikel des Vertrages verpflichten, seine
Länder bei der alten Lehre zu erhalten, keine Neuerungen in der
Religion einzuführen und die etwa schon vorhandenen auszurotten.

fehlshaberstelle in seinem Heere. Ueber die Beschwerden Wilhelms nach dem
Vortrage siehe Below, S. 489 f, A. 2. Dolzig verliess nicht lange nach dem Friedens-
abschluss den clevischen Hof. Am 24. September meldet er seinem Herrn seine
baldige Abreise, am 28. schreibt Wilhelm, dass Dolzig „zum furderlichsten" aufbrechen will (W. A. Reg. C. pag. 526 Nr. 35).

[1] Lacomblet, Urkundenbuch IV. 686 f., A. 1.

[2] Lacomblet, Archiv V. 55 f. und Urkundenbuch IV. 690 f. Ruble, Jeanne
d'Albret S. 188 ff.

[3] Varrentrapp, Hermann von Wied S. 215 ff.

[4] Wilhelm an Johann Friedrich, 13. Juli 1543. W. A. Reg. C. pag 524 Nr
33. Das Schreiben an Melanchthon habe ich nicht gefunden, die Antwort desselben
ist in seinen Werken V. 145 f. gedruckt. Vgl. auch Varrentrapp, Hermann von
Wied S. 210.

Hierdurch wurden alle Hoffnungen, welche die Protestanten auf
ihn gesetzt hatten, vernichtet, und noch mehr, auch die beabsichtigte Reformation Hermanns von Wied wurde durch dies Verbot
schwer getroffen. Nicht allein wurde ihm das zu seiner Diözese
gehörige Gebiet Wilhelms entzogen, er verlor an diesem auch den
politischen Rückhalt, der ihm für die erfolgreiche Ausführung seines
Planes hätte sehr zu statten kommen müssen. Denn schwerlich
hätte der Kaiser es wagen können, gegen den Kurfürsten so vorzugehen, wie er es im Jahre 1545 gethan hat, wenn diesem Wilhelm und der Bischof von Münster, von dessen Übertritt jetzt
ebenfalls keine Rede mehr sein konnte, zur Seite gestanden hätten.

Fragen wir nach den Ursachen, welche die schnelle Unterwerfung des Herzogs herbeigeführt haben, so waren es auf clevischer Seite der Mangel an tüchtigen Heerführern, die stete Geldnot
und die damit zusammenhängende Unzuverlässigkeit der Truppen,
das geringe Vertrauen der Unterthanen zu ihrem Fürsten und als
ausschlaggebend das Ausbleiben der französischen Hülfe. Dazu
kamen auf gegnerischer Seite die einheitliche Leitung, die Kriegs-
erfahrenheit und Disziplin der Truppen und die gewaltige Heeres-
masse des Kaisers, welche, schon allein bedeutend, durch die Ankunft von Marias Scharen noch erheblich verstärkt wurde. Das
Zusammentreffen aller dieser Momente hatte direkt den Sieg der
kaiserlichen Waffen zur Folge. Indirekt trug zu demselben nicht
weniger bei, ja ermöglichte ihn überhaupt erst das passive Verhalten der Protestanten, denn wären dieselben Wilhelms Wünschen
entgegengekommen und hätten ihn in ihren Bund aufgenommen,
so hätte Karl niemals daran denken können, gegen ihn mit Gewalt
vorzugehen, wenn er sich nicht der Gefahr aussetzen wollte, die
gesamte protestantische Heeresmacht gegen sich zu vereinigen.

Doch schwer genug sollte sich an den Protestanten ihre Neutralität rächen. Denn der glückliche Ausgang dieses Feldzuges
öffnete dem Kaiser die Augen über die politische Unfähigkeit
seiner Gegner und liess in ihm den Entschluss reifen, sie mit Gewalt unter seinen Willen zu beugen[1]. So kann man die Demüti-
gung Wilhelms als das Vorspiel zu der Niederwerfung der Protestanten im schmalkaldischen Kriege ansehen, der drei Jahre
später ausbrach. In derselben Woche, in welcher Karl die Acht
gegen den Kurfürsten Johann Friedrich und den Landgrafen Phi-

[1] Varrentrapp, Hermann von Wied S. 217.

lipp schleuderte, feierte er in Regensburg mit glänzendem Ge-
pränge die Hochzeit Wilhelms mit Maria, der Tochter Ferdinands,
die in der Absicht geschlossen wurde, ihn noch fester an sein
Haus zu ketten; das Privileg, das er in denselben Tagen erliess
und das den Töchtern dieser Ehe die Erbfolge zusicherte, war
direkt gegen die sächsischen Ansprüche gerichtet.

Inhaltsverzeichnis.